DEMOKRATIEVERSTÄRKER

CHRISTINE FINKE

DOROTHEE BÄR

FRANZISKA BRANTNER

MAJA GÖPEL

PETRA PINZLER

MAXIMILIAN STEINBEIS

GÜNTER KRINGS

ANKE HASSEL

NICO HOFMANN

THOMAS LAUE

AHMAD MANSOUR

DANIEL TERZENBACH

FRANK-JÜRGEN WEISE

KARL LAUTERBACH

HOLKE BRAMMER

MARKUS SAUERHAMMER

JULIA BORGGRÄFE

FELIX CREUTZIG

MARINA WEISBAND

GLORIA BOATENG

JOHANNES VOGEL

MARTIN FUCHS

PETER SILLER

LAURA-KRISTINE KRAUSE

WOLFGANG KASCHUBA

Elisabeth Niejahr / Grzegorz Nocko (Hg.)

DEMOKRATIE VERSTÄRKER

12 Monate, 21 Ideen:
Eine Politikagenda für hier und jetzt

Campus Verlag
Frankfurt/New York

MIX
Papier aus verantwor-
tungsvollen Quellen
FSC® C089473

Herausgeber: Gemeinnützige Hertie-Stiftung, Elisabeth Niejahr, Grzegorz Nocko

ISBN 978-3-593-51383-6 Print
ISBN 978-3-593-44664-6 E-Book (PDF)
ISBN 978-3-593-44663-9 E-Book (EPUB)

Redaktion: Susanne Lang
Umschlaggestaltung: total italic, Thierry Wijnberg, Amsterdam/Berlin
Satz: DeinSatz Marburg UG | tn
Gesetzt aus Scala, Geronimo Base, Din Pro und Din Next LT Pro
Druck und Bindung: Beltz Grafische Betriebe GmbH, Bad Langensalza
Printed in Germany

www.campus.de

INHALT

GRUNDSÄTZE DER DEMOKRATIE
BREIT VERANKERN

DEMOKRATIE ALS MANAGEMENTAUFGABE

LEBENSLANG FÜR
DIE DEMOKRATIE LERNEN

DEMOKRATISCHE ÖFFENTLICHKEIT
UND GUTE DEBATTEN FÖRDERN

VORBEMERKUNG: MACHEN WIR ES ZU UNSEREM PROJEKT!

Elisabeth Niejahr und Grzegorz Nocko

Demokratie lebt vom Protest. Zumindest scheinen viele Menschen das zu glauben. Wenn Journalisten für Nachrichtentexte oder Videos eine passende Bebilderung suchen, fallen ihnen neben Motiven wie der Reichstagskuppel oder dem Plenarsaal häufig Protestplakate oder Demonstranten ein. Die Vorstellung, dass Demokratie etwas mit Aufruhr zu tun hat, dass sie den Mächtigen abgerungen werden muss, sitzt tief. Von der Französischen Revolution bis zum Ende der DDR reichen die Referenzsysteme mit ihren Bildern von rebellierenden Massen, die sich gegen die Herrschaft von wenigen wenden. Als guter Demokrat gilt häufig, wer *gegen* etwas ist. Aufmerksamkeit bekommt, wer kritisiert, was wiederum zu einem Gefühl von ständiger Krise führt.

Dieses Buch verfolgt einen anderen Ansatz: Es beschäftigt sich in erster Linie damit, was *für* die Demokratie, für ihre Stabilität und Lebendigkeit getan werden kann. Es geht um konkrete Verbesserungen: um Abstimmungen in Klassenzimmern, die richtige Auswahl von neuen Polizeibeamtinnen und -beamten, die Umwidmung von Ladenlokalen zu Begegnungsräumen oder auch darum, wie mehr Professorinnen und Professoren in Parlamente gelockt werden könnten. Sogar die Rollenbesetzung in Fernsehserien kommt vor – weil Demokratie nicht nur eine Angelegenheit von gewählten Politikerinnen und Politikern ist, sondern ihre Werte von vielen gelebt werden müssen, unter anderem eben auch in Filmstudios und von Drehbuchautoren.

Gemeinsam ist den 21 Beiträgen ihre konstruktive Haltung. Schließlich kann die liberale Demokratie positiv gestimmte Anhänger gerade dringend brauchen. Die Wahlerfolge autoritärer Anführer, die Zunahme von Polarisierung und Extremismus in analogen und digitalen Sphären, das steigende Misstrauen gegen vermeintliche Eliten sind Ausprägungen einer Krise, der viele Beobachter nicht ohne Grund oft ratlos gegenüberstehen. Wir verstehen die Erschütterungen der politischen Ordnung als Auftrag, das bestehende System stetig weiterzuentwickeln – es handelt sich nicht um ein Statement zur Lage der Nation, eher um eine mit Fakten und Einsichten angereicherte To-do-Liste. Den liberalen Demokratien des Westens wird von ihren Kritikern schließlich viel vorgeworfen: Sie seien langsam, ungerecht, störanfällig, insgesamt morsch. Hier geht es weniger darum, solche Aussagen zu bewerten, als ihnen nüchtern zu begegnen. »Womit ließe sich die Demokratie innerhalb von zwölf Monaten verbessern?«, wollten wir von den Autorinnen und Autoren wissen.

Die US-Wahl im November 2020 hat daran erinnert, dass Demokratien keine statischen Ordnungen, sondern wandlungsfähige Organisationsformen sind. Sie verändern sich ständig, weil sich ihre Parteien, Institutionen und ihre Bürger ändern und gleichzeitig durch gemeinsam vereinbarte Regeln immer von Neuem der Idee einer Volkssouveränität zu entsprechen versuchen. Es gibt keine Demokratie, die jeden Tag nach dem gleichen Muster funktioniert. Schließlich gibt es kein konstantes Wir.

Eine alternde Gesellschaft zum Beispiel braucht womöglich nicht nur eine Reform des Rentensystems, sondern auch andere Mechanismen der Gesetzgebung zum Schutz der Interessen Jüngerer im Vergleich zur sehr viel größeren Wählergruppe der über 50-Jährigen. Die beiden Klimaexpertinnen Maja Göpel und Petra Pinzler fordern in ihrem Beitrag daher einen Enkeltest für neue Gesetze, ein Korrektiv zugunsten jüngerer Generationen – und schreiben darüber, warum so eine Idee ganz unterschiedlichen politischen Lagern nützen könnte. Wie bei allen Ideen in diesem Buch lässt sich darüber streiten. Wird dadurch die Gesetzgebung zu kompliziert? Wer bewertet die Ergebnisse des Enkeltests und zieht daraus Konsequenzen – oder eben nicht? Solche Debatten will dieses Buch ermutigen.

Die Coronakrise wird verändern, welche Erwartungen die Bürger an Begegnungen haben. Auch damit ändert sich das Wir. Es ist ja jetzt schon so, dass der Austausch von Teams im Büro oder private Treffen mit Freunden und Verwandten viel bewusster geplant und genutzt werden als vor der Pandemie. Wer seinen Chef oder seine Kollegen nur noch ein- oder zweimal pro Woche sieht, versucht, diese Live-Begegnung optimal zu nutzen. Lässt sich daraus auch etwas für politische Prozesse ableiten, für Parteitage oder Ausschusssitzungen des Bundestags? Für Beratungen im Kommunalparlament? Welche Anwesenheitspflichten für Mandatsträger auf der einen Seite, aber auch welche Angebote für den Dialog der Bürger braucht die Demokratie von morgen?

Darüber schreiben gleich mehrere Autoren aus ganz unterschiedlichen Perspektiven: Peter Siller, Leiter des Grundsatzreferats im Bundespräsidialamt, Laura Krause, Deutschland-Chefin des Thinktanks More in Common, sowie der Kulturanthropologe Wolfgang Kaschuba beschäftigen sich mit der Zukunft des öffentlichen Raums. Schließlich funktioniert Demokratie nicht ohne Orte, an denen Menschen sich austauschen können, und im Idealfall trägt die Politik durch die Pflege öffentlicher Einrichtungen und Plätze, durch die menschenfreundliche Gestaltung der wachsenden Städte und durch gute Verkehrsanbindungen für den ländlichen Raum dazu bei. Corona hat viele Gewohnheiten verändert. Während der Pandemie wurden Orte wie Kinos oder Konzertsäle plötzlich zu Gefahrenzonen, die Menschen verbrachten mehr Zeit in den eigenen vier Wänden und nahmen gleichzeitig oft online mehr denn je am Weltgeschehen teil. Was folgt daraus für die Stärkung kommunaler Räume in der Nach-Corona-Zeit? Können beispielsweise Bibliotheken nicht nur Orte der Stille, sondern auch der Begegnung werden? Darum geht es mehreren Autoren.

Mit der Modernisierung politischer Prozesse befassen sich unter anderem die christsoziale Digitalstaatsministerin Doro Bär, die parlamentarische Geschäftsführerin der Grünen im Bundestag Franziska Brantner, der FDP-Sozialpolitiker Johannes Vogel und die Konstanzer Kommunalpolitikerin Christine Finke. Bär und Brantner beraten darüber, wie viel physische Präsenz der politische Betrieb in Nach-Corona-Zeiten brauchen wird und wie die Erfahrungen der vergangenen Monate genutzt werden können. Politik wäre elternfreundlicher mit Digitalformaten, da sind sich beide einig. Und ein besseres Zeitmanagement, eingeführt im Interesse von Vätern und Müttern, wäre auch für viele Mandatsträger eine Erleichterung. Johannes Vogel beschäftigt sich damit, wie die Politik für Abgeordnete etwas erleichtern kann, was sie sonst gern von den Bürgern fordert: lebenslanges Lernen. Christine Finke schreibt darüber, warum auf kommunaler Ebene umgedacht werden muss, damit Alleinerziehende wie sie selbst eine Chance haben, an abendlichen Ratssitzungen teilzunehmen.

Die Corona-Krise hat außerdem deutlich gemacht, wie wichtig es für die Demokratie ist, dass wichtige Entscheidungen nicht nur von der Regierung, sondern im Parlament getroffen werden. Je knapper die Zeit und je komplexer die Themen, desto größer sind die Herausforderungen für die Abgeordneten. Was kann getan werden, damit die Volksvertreter ihre Arbeit optimal erfüllen können? Der CDU-Politiker und parlamentarische Innen-Staatssekretär Günter Krings und der SPD-Gesundheitsexperte Karl Lauterbach haben Vorschläge, die sich nicht ausschließen: Günter Krings fordert für die Gesetzgebung mehr Verständlichkeit und Transparenz – mit einem Unwesentlichkeitsverbot, das angelehnt ist an das Wesentlichkeitsgebot, das heute schon für Gesetzgeber gilt. Karl Lauterbach, der seine ersten Berufsjahre an Lehrstühlen und mit der Einrichtung eines Forschungsinstituts verbrachte, möchte mehr Wissenschaftler in die Politik lotsen. Sie sollen dort weniger als Spezialisten ihrer Fachgebiete wirken denn ihre Stärken bei der Bewältigung von Komplexität und der Nutzung wissenschaftlicher Erkenntnisse einbringen.

Als die Idee für dieses Buch Anfang 2020 entstand, gab es dafür zwei Anlässe. Zum einen kursierten seinerzeit viele politische Negativszenarien. *Wie Demokratien sterben* lautete der Titel eines viel beachteten internationalen Bestsellers der amerikanischen Politikwissenschaftler Steven Levitsky und Daniel Ziblatt. Populisten könnten nicht nur durch Umstürze, sondern auch durch Wahlen an die Macht kommen, warnten die beiden Autoren. Anschließend würden sie dann versuchen, beispielsweise Prinzipien wie das Recht auf freie Meinungsäußerung oder Rechtsstaatlichkeit zu unterminieren. »Demokratien sterben nicht mit einem Knall, sondern mit einem Wimmern«, schrieben Ziblatt und Levitsky. Viele nahmen diese Prognose ernst.

Gleichzeitig hatten verschiedene Initiativen für mehr direkte Demokratie und neue Formen der Abstimmung Konjunktur. In Demokratie-Debatten ging es oft um Volksabstimmungen nach Schweizer Vorbild, um neu einzurichtende Bürgerräte, um politische Entscheidungen im Losverfahren. So interessant viele dieser Ideen sind: Schnell umsetzen lassen sich die Vorschläge nicht. Bei Veranstaltungen zu Demokratiethemen machte sich daher teilweise Ratlosigkeit breit. Nicht alles, was in der Schweiz funktioniert, passt für Deutschland. Für neue Partizipationsprozesse interessieren sich oft nur diejenigen, die ohnehin schon gebildet und engagiert sind. Ist es wirklich demokratisch, wenn diese Gruppe noch mehr entscheidet als bisher? Vor allem aber würde es wohl lange dauern, die teilweise nötigen Grundgesetzreformen im Deutschen Bundestag durchzusetzen. Zu lange für viele, die etwas für die Demokratie unternehmen wollen.

Die *Demokratieverstärker* nehmen daher nur zwölf Monate in den Blick. Das Buch ist inspiriert von Karl Poppers kritischem Rationalismus, der utopische Rettungsszenarien verwarf zugunsten von reflektierten kleinen Verbesserungsschritten. Insbesondere dort, wo der Bürger Kontakt mit dem Staat hat: in Behörden und Verwaltungen. In guten Zeiten solle man angespannt und unruhig arbeiten, damit man in der Krise ruhig und besonnen agieren könne, schreibt Frank-Jürgen Weise, Vorstandsvorsitzender der Hertie-Stiftung. Er führte zweimal in Krisenzeiten große Verwaltungsapparate: Während der Finanzmarktkrise war er Chef der Bundesagentur für Arbeit, die Kurzarbeiterzahlungen in Rekordhöhe auslöste und so dazu beitrug, dass viele Arbeitnehmer in Deutschland besser durch die Rezession kamen als in vielen Nachbarländern. Und während der sogenannten Flüchtlingskrise leitete er das Bundesamt für Migration und Flüchtlinge (BAMF). Erfahrungen aus diesen Zeiten sowie aktuelle Eindrücke durch die Coronakrise lassen Frank-Jürgen Weise einen Behörden-Stresstest fordern, mit dem Verwaltungen auf extreme Belastungen vorbereitet werden sollen.

Über diese Art der Vorsorgepolitik für öffentliche Einrichtungen denken, bedingt durch die Pandemie-Erfahrungen, gerade viele nach. Das Vertrauen der Bürger in die Demokratie hängt stark davon ab, wie gut der Staat Probleme löst. Je hilfloser er wirkt, je weniger Sicherheit er seinen Bürgern bietet, desto größer ist die Anfälligkeit der Bürger für populistische Heilsversprechen. Deshalb ist das Thema *Gutes Regieren* einer der Schwerpunkte der Hertie-Stiftung – und deshalb steht ein eher betriebswirtschaftlich anmutendes Thema wie Management auf unsere To-do-Liste. Es geht dabei um vorausschauende Planung, Effizienz, Transparenz und Bürgernähe.

Wie also soll am Ende eine sinnvolle Agenda für die Zukunft der Demokratie aussehen, welches Gesamtbild ergibt sich aus der Summe einzelner Ideen? Dieser Sammelband vereint bewusst Vorschläge sehr unterschiedlicher Personen aus unterschiedlichen Bereichen. Der UFA-Chef Nico Hofmann hat sich beteiligt, der Psychologe und Extremismusforscher Ahamad Mansour, die Publizistin und frühere Geschäftsführerin der Piratenpartei Marina Weisband, die Ex-Managerin und Ministerialbeamtin Julia Borggräfe – um nur einige zu nennen. Dafür sind wir dankbar. Nicht alle Vorstellungen teilen die Herausgeber im Detail. Sechs Prinzipien erscheinen uns wichtig.

Erstens: Das politische Geschäft folgt oft dem Rhythmus vierjähriger Legislaturperioden. Der Klimawandel, die Digitalisierung und die Globalisierung richten sich aber nicht nach Wahlterminen. Für Politiker ist es rational, immer auch den Termin der Wiederwahl im Blick zu haben, es ist auch notwendig, damit das demokratische System funktioniert. Damit aber gleichzeitig langfristige Herausforderungen angegangen werden, muss demokratiestärkende Politik längere Zeiträume und insbesondere die Perspektiven künftiger Generationen berücksichtigen.

Zweitens: Es fehlt nicht an guten Ideen für unsere demokratischen Institutionen. Aber wie lässt sich ein kontinuierlicher Verbesserungsprozess gestalten, etwa bei der Gesetzgebung? Wie lässt sich verhindern, dass das Verfassungsgericht von populistischen Parteien in Dienst genommen wird? Wie kann eine gleichzeitig faire und effiziente Beteiligung von Bürgern an Politik gestaltet werden? Demokratiestärkende Politik führt zu besseren Prozessen und klareren Regeln im politischen Betrieb.

Drittens: Demokratie ist keine Angelegenheit nur für gewählte Politiker. Unternehmen, die Zivilgesellschaft und öffentliche Behörden können einen großen Beitrag leisten. Meistens einen größeren als bisher.

Viertens: Damit eine Demokratie ihren Bürgern Sicherheit und Orientierung bieten kann, braucht sie einen stabilen institutionellen Organisationsrahmen und gutes Management. Gut geplante Bürgerbeteiligung bei der Gesetzgebung, in Behörden oder kommunalen Einrichtungen richtet staatliches Handeln passgenauer auf die Betroffenen aus und erhöht damit die Akzeptanz.

Fünftens: Eine Demokratie funktioniert nicht ohne Demokraten. Sie ist immer nur so stark wie die Menschen, die sie tragen. Deshalb sollten schon Kinder üben, wie demokratische Willensbildung und demokratisches Entscheiden funktionieren. Lebenslanges Demokratie-Lernen ist aber ein Ziel, das weit über Schulen hinausreicht, unter anderem bis zum Deutschen Bundestag. Abgeordnete müssen sich selbstverständlich neues Wissen und neue Fertigkeiten antrainieren können. Und grundsätzlich sollte die in der Digitalwirtschaft häufig propagierte Fehlerkultur auch dem politischen Betrieb nutzen.

Sechstens: Die Corona-Krise ist ein Anlass, neu auf die Gestaltung demokratischer Öffentlichkeit zu schauen. Demokratiestärkende Politik sucht neue Ideen und neue Bündnisse für die Gestaltung von analogen und digitalen Orten, an denen sich auch Vertreter unterschiedlicher Milieus und Denkweisen fair begegnen. Zu einem respektvollen Umgang mit Andersdenkenden, der Abwehr von Hassrede und Hetze können viele beitragen, der Ladenbesitzer wie der Leiter eines Kinderchors.

Entscheidend ist, dass die Stärkung der Demokratie als Projekt verstanden wird, als etwas, das man sich vornehmen muss wie die Verbesserung des Bildungssystems oder eine klimafreundliche Verkehrspolitik. Die hier vorgelegte To-do-Liste ist dafür nur ein Beitrag. Zwölf Monate vergehen schnell.

GENERATIONEN GERECHTIGKEIT STÄRKER MITDENKEN

MEHR ELTERN IN DIE KOMMUNALPOLITIK

Christine Finke

Kinderbetreuungskosten sind ein entscheidender Faktor für ehrenamtliches politisches Engagement von Eltern – vor allem auf kommunaler Ebene. Sie sollten in allen Bundesländern erstattet werden.

Es gibt diese Momente, in denen es unglaublich schwierig ist, nicht mit den Augen zu rollen. Stattdessen einatmen, ausatmen, zum Frustabbau noch einmal geräuschvoll ausatmen. Ein deutlich hörbares Seufzen. Das erste Mal, als ich im Gemeinderat der Verabschiedung eines verdienten langjährigen Gemeinderats beiwohnte, war so ein Moment. Nach den üblichen kurzen Dankesreden des Oberbürgermeisters und der Fraktion des scheidenden Stadtrats richtete dieser selbst das Wort ans Publikum und die Öffentlichkeit: Er bedankte sich bei seiner Frau, die ihm all die Jahre »den Rücken freigehalten habe« für die Gremienarbeit, die ohne sie nicht möglich gewesen wäre, denn schließlich habe er auch (mittlerweile erwachsene) Kinder.

Für diese Wertschätzung seiner Ehefrau erntete der Redner warmen Applaus, während ich irritiert im altehrwürdigen Ratssaal saß und überlegte, warum mir diese Situation so sauer aufstieß. Die naheliegendste Antwort darauf ist: Ich war neidisch. Als alleinerziehende Mutter mit drei Kindern, die seit den Gemeinderatswahlen 2014 für eine unabhängige Wählervereinigung im Stadtrat von Konstanz sitzt, habe ich nämlich weder einen Ehemann, der mir den Rücken freihält, noch sonstige Familie vor Ort, die mich bei der Kinderbetreuung unterstützen könnte.

Bei jeder einzelnen Sitzung im Rahmen meines politischen Ehrenamts fehle ich zu Hause. Meine Kinder, die 5, 8 und 13 Jahre alt waren, als ich ins Amt gewählt wurde, waren überhaupt nicht begeistert davon, dass Mama oft bis abends weg war, um Politik zu machen. Jedes Mal, wenn ich mit meinem Stapel an Vorlagen das Haus verließ, bekam ich deutlich ihre Missbilligung zu spüren. Vor allem meine jüngste Tochter, die Asperger-Autistin ist, protestierte oft lautstark.

Trotzdem ging und gehe ich meinem Wunsch nach politischer Teilhabe nach, denn er speist sich aus der tiefen Überzeugung, dass so jemand wie ich, die eigentlich in Gremien mangels Zeit für Politik gar nicht vorgesehen ist, einen wertvollen Beitrag zur Demokratie leisten kann. Politische Gremien sind, egal ob auf kommunaler, auf Landes- oder auf Bundesebene, voller Männer – meist den berühmten alten weißen, und wenn es doch mal eine Frau hineinschafft, dann hat sie erwachsene oder (noch) keine Kinder. Mütter, gar alleinerziehende Mütter von kleinen Kindern, sind rar gesät in der Politik.

Ebenfalls politisch wenig vertreten in Gremien sind Menschen, die in Armut leben – was wiederum besonders häufig auf Alleinerziehende zutrifft. Auch auf meinem Konto sah es überhaupt nicht rosig aus, als ich frisch im Amt war. Wir Stadträte erhielten zwar eine Aufwandsentschädigung von 370 Euro im Monat für unser Ehrenamt, aber die hätten nicht einmal ausgereicht, um einen Kindersitter mit Mindestlohn für die Zeiten meiner Abwesenheit zu beschäftigen.

Gemeinderatssitzungen beginnen häufig um 16 Uhr und dauer meist bis 22 Uhr – teilweise wird bis nach Mitternacht diskutiert. Ausschusssitzungen, die zum Ehrenamt gehören und die dem Gemeinderat durch Beschlüsse oder Empfehlungen zuarbeiten, nehmen regelmäßig drei bis fünf Stunden in Anspruch. In den Sitzungswochen ist außerdem ein Abend pro Woche für eine ausgiebige Fraktionssitzung verplant, die auch mehrere Stunden dauern kann. Da kommt, gerade bei einer kleinen Fraktion wie meiner, die mit vier von 40 Sitzen im Konstanzer Stadtrat vertreten ist, für die einzelnen gewählten Vertreter und Vertreterinnen eine stattliche Menge an Stunden zusammen, die wir in politische Arbeit investieren.

Für Menschen mit genügend Zeit und Geld ist das kein Problem, da kann Politik ein schönes, erfüllendes Hobby sein – für andere wie mich jedoch eine ziemliche Herausforderung. Zu Beginn meiner politischen Tätigkeit hatte ich mich gerade selbstständig gemacht. Texte schreiben, Akquise und Networking hätten eigentlich Priorität haben müssen. Meinen Haushalt hielt ich gerade so in Schach, und mein Kontostand bereitete mir jeweils ab dem 20. des Monats ernsthafte Sorgen.

Selbst wenn ich die Aufwandsentschädigung, die später auf 700 Euro im Monat erhöht wurde, für Kinderbetreuung ausgegeben hätte, wären mir durch meine politische Tätigkeit finanzielle Nachteile entstanden. Denn während man in Gremien sitzt oder stundenlang Sitzungen vorbereitet, kann man kein Geld im »Brotberuf« verdienen. Das gilt für alle ehrenamtlich politisch Tätigen, aber manche schmerzt es mehr als andere.

So kam es mir sehr zupass, dass nur einen Monat, nachdem ich in den Stadtrat gewählt worden war, nämlich im Juli

2014, der Punkt »Satzung zur Änderung der Satzung über die Entschädigung ehrenamtlich tätiger EinwohnerInnen« auf der Tagesordnung stand. Stadträtinnen und Stadträte sollten demnach künftig die im Rahmen von Sitzungen entstehenden Kosten für Kinderbetreuung und Pflege von Angehörigen erstattet bekommen. Die Idee war nicht neu, wie mir eine Stadträtin erzählte, die schon vor über 30 Jahren als Alleinerziehende im Stadtrat saß. Damals war die Idee einer finanziellen Beteiligung der Stadt an der Kinderbetreuung mit Gelächter und Kommentaren wie »Wo kämen wir denn da hin!?« abgelehnt worden. 2013 ergriff die Freie Grüne Liste erneut die Initiative, und die Verwaltung erhielt vom Rat den Auftrag, einen Vorschlag zu erarbeiten. Er besagte, dass die Kinderbetreuungskosten künftig auf Antrag »bis max. 10 Euro/Stunde für die Betreuung von Kindern unter 14 Jahren während der Sitzungen des Gemeinderates und seiner Ausschüsse und Beiräte« erstattet werden sollten. Zu meiner großen Erleichterung fand der Vorschlag in unserem Stadtrat eine Mehrheit.

Im Vorfeld dieser Sitzung hatte es durchaus noch kritische Stimmen gegeben, so dass nicht klar war, ob die Beschlussfassung klappen würde. Es hieß zum Beispiel, die vorgesehene Satzungsänderung sei ein Luxus, mit dem StadträtInnen gegenüber anderen Ehrenamtlichen bevorzugt werden sollten. Es war auch die Rede davon, dass man so ein Amt nur antreten solle, wenn man es auch »einrichten« könne, und vereinzelt war zu hören, dass Kinderbetreuung Privatsache sei, und wer das nicht geregelt bekomme, könne eben kein Amt ausüben. Dass hier die politische Teilhabe von Frauen, die Vereinbarkeit von Familie und Mandat gefördert wurde, hielten längst nicht alle für nötig oder wünschenswert.

Ohne den Beschluss, die Kinderbetreuungskosten zu erstatten, wäre ich aber in echte Geldnot geraten. Auch daher rührte mein Magengrummeln bei der Verabschiedung des langjährigen Stadtrats: Ich beneidete ihn um seine komfortable finanzielle Situation, die es ihm mit Leichtigkeit ermöglicht hätte, eine bezahlte Kinderbetreuung zu organisieren.

Dank der neu beschlossenen Erstattungsmöglichkeit konnte ich schließlich zwei Minijobberinnen einstellen, die gerade eine Ausbildung zur frühkindlichen Pädagogin machten und die sich die Termine aufteilten, was ganz wunderbar funktionierte. Zwar lagen die Kinder fast nie im Bett, wenn ich spätabends nach Hause kam, einfach weil es so aufregend war, dass eine fremde Person zum Aufpassen da war und Mama für den Gute-Nacht-Kuss fehlte, aber ich wusste sie bestens versorgt, was mir die nötige Ruhe gab, mich auf die Sitzungen zu konzentrieren.

Rein praktisch sah es so aus, dass ich für jeden Kindersittereinsatz ein Formular ausfüllte, auf dem die genauen Uhrzeiten, das Gremium, der Stundenlohn und Unterschriften einzutragen waren. Dieses Formular reichte ich nach einem von mir selbst zu bestimmenden Zeitraum mit der Bitte um Erstattung ein. All dies kostet am Ende natürlich Geld. Denn es entstehen nicht nur Kosten für die Kinderbetreuung, sondern auch in der Verwaltung. Deren Mitarbeiter müssen in den Protokollen die Anwesenheit nachprüfen und einen Vorgang anlegen. Bei uns in der Stadt hielt sich der Aufwand allerdings in Grenzen: Seit der Einführung der Erstattung von Kinderbetreuungskosten haben genau drei Stadträtinnen und zwei Stadträte diese Möglichkeit in Anspruch genommen.

Die beiden Männer, junge Väter, kenne ich gut – beide sagten mir auf Rückfrage, sie hätten die Erstattung der Kinderbetreuung »einige Male« und »immer mal wieder« genutzt, teils, weil die Partnerin noch studierte, sie selbst berufstätig sei oder anderweitig ein Engpass bei der Betreuung des Kleinkinds entstanden sei. Die finanziellen Verhältnisse der beiden kenne ich nicht im Detail, aber junge Familien müssen generell eher aufs Geld achten. Daher zeigt sich hier sehr schön, dass die Wiedererstattung von Kinderbetreuungskosten nicht nur den Frauen dient, auch wenn das sicher ein hervorragendes Instrument zur Förderung der Gleichstellung von Frauen in politischen Ämtern ist, sondern dass sie auch die Diversität generell fördert.

Junge, moderne Väter sind ebenfalls ein echter Gewinn für politische Gremien. Auch sie leiden tendenziell unter Zeitnot und bereichern nicht nur inhaltlich, sondern auch von der Haltung und Arbeitsweise die Gremien sehr. Pointiert gesagt, machen sie die Teilnahme an Sitzungen für engagierte Mütter etwas erträglicher, auch weil diese Väter nicht zu endlosen, selbstverliebten Monologen neigen und ihnen feministische Ansätze nicht gänzlich fremd sind. Sie sind Verbündete im Wunsch nach politischer Teilhabe, von denen Frauen wie ich nie zu hören bekommen: »Willst du dich nicht lieber um deine Kinder kümmern, anstatt hier herumzusitzen?« Im Gegenteil: Sie drücken eher ihren Respekt dafür aus, dass ich mich trotz meiner Rahmenbedingungen einbringe. Das macht einen großen Unterschied und hilft dabei, die teilweise zähen Sitzungen durchzuhalten.

Es kostet also nicht die Welt, die Kinderbetreuungskosten zu erstatten, hilft aber, die politische Teilhabe von Frauen ordentlich voranzubringen. Vor allem ermöglicht es all jenen, die sich einbringen wollen, überhaupt erst die Teilhabe. Dass es bundesweit noch nicht überall Standard ist, die Vereinbarkeit von Familie und Mandat auf diese Art zu fördern, liegt selbstverständlich am Föderalismus – aber die Recherche in den 16 Bundesländern bringt Interessantes zutage: Rein theoretisch ist nämlich schon in den Gemeindeordnungen von mindestens 8 der 16 Länder ausdrücklich die Möglichkeit verankert, diese Kosten erstattet zu bekommen. Ausdrücklich möglich machen die Erstattung der Kinderbetreuungskosten jetzt schon Baden-Württemberg, Brandenburg, Hessen, Mecklenburg-Vorpommern, Niedersachsen, Nordrhein-Westfalen, Sachsen-Anhalt und Schleswig-Holstein.

In Bayern und Thüringen gibt es keine Regelung zum Ersatz von Kosten für die Kinderbetreuung. Für das Saarland ist »eine entsprechende Regelung geplant und auch bereits im Entwurf eines Gesetzes zur Änderung kommunal- und dienstrechtlicher Vorschriften enthalten«, wie es auf Anfrage hieß. In Sachsen gibt es zumindest einen Spielraum für den Ersatz von Aufwendungen aufgrund ehrenamtlicher Tätigkeiten: Zwar ist er nicht ausdrücklich vorgesehen, aber zulässig.

Wie die einzelnen Kommunen die Umsetzung für eine Kostenerstattung handhaben, ist also deren Sache und eine Frage der konkreten Beschlüsse beziehungsweise der politischen Mehrheiten. Aber man sieht: Die Länder haben es durch ihre jeweiligen Ordnungen durchaus in der Hand, den Prozess der politischen Teilhabe von Müttern und jungen Eltern voranzubringen, indem sie entsprechende Satzungen aufstellen, die dann wiederum in den Kommunen zum Anlass genommen werden können, um konkrete Anträge zu stellen und die Dinge vor Ort für Eltern etwas leichter zu machen.

Ist die Bezahlung der Kinderbetreuung geregelt, gibt es auch sehr viel weniger Gründe, neidisch auf Männer zu sein, die sich bei der Ehefrau fürs »Rückenfreihalten« bedanken, und es ist auch nicht mehr vordringlich eine Frage des Geldes, ob man sich die politische Teilhabe leisten kann.

Mittlerweile habe ich mich auch bei Verabschiedungen von langjährigen Ratsmitgliedern besser im Griff, ich kriege das hin, ohne laut zu seufzen. Vielleicht habe ich mich auch einfach nur daran gewöhnt, dass Floskeln dieser Art zum politischen Betrieb dazugehören. Was nicht heißt, dass mich das auf der strukturellen Ebene nicht stören würde. Im Gegenteil: Wenn Frauen aus dem Gemeinderat verabschiedet werden, hört man nie, sie hätten das ohne ihren Ehemann unmöglich machen können, da er ihnen dankenswerterweise den Rücken freigehalten habe. Aber immerhin können ausscheidende Rätinnen und Räte sowie Verwaltungsmitglieder neuerdings wählen, ob sie lieber Wein oder Blumen als Abschiedspräsent überreicht bekommen wollen. Bis vor kurzem bekamen Frauen automatisch Blumen und Männer ein Weinpaket. Eines weiß ich jetzt schon: Ich nehme dann den Wein.

***

Idee Alle Eltern, die sich auf kommunaler Ebene ehrenamtlich politisch engagieren, sollen die Kosten für die Betreuung jüngerer Kinder erstattet bekommen.

Effekt Mehr Mütter und Väter, vor allem auch alleinerziehende, könnten sich politische Teilhabe leisten – finanziell und zeitlich. Die Vereinbarkeit von politischem Ehrenamt und Familie wäre gewährleistet. Gemeinderäte würden diverser, politische Entscheidungen vielfältiger werden.

Umsetzbarkeit In 8 von 16 Bundesländern ist es zumindest theoretisch möglich, die Kosten zu erstatten. Die Option ist in den Gemeindesatzungen verankert. Die restlichen Länder könnten dem ohne großen Aufwand folgen.

***

Christine Finke ist Autorin und Bloggerin (*Mama arbeitet*). 2014 wurde die alleinerziehende Mutter von drei Kindern in den Gemeinderat von Konstanz gewählt. Seither ist sie dort ehrenamtliche Gemeinderätin der Wählergemeinschaft Junges Forum Konstanz. 2020 erhielt sie für ihr kommunalpolitisches Engagement den Helene-Weber-Preis.

DIGITAL TAGEN UND IN MITTAGSPAUSEN NETZWERKEN

Dorothee Bär und Franziska Brantner

Parlamente sollten elterngerechter werden, damit die Interessen von Familien besser vertreten werden. Dorothee Bär, CSU-Staatsministerin für Digitalisierung im Bundeskanzleramt, und Franziska Brantner, parlamentarische Geschäftsführerin der Grünen-Fraktion im Bundestag, sind beide Mütter, die seit Jahren politische Verantwortung tragen. Im Gespräch fordern sie ein besseres Zeitmanagement, virtuelle Teilnahmemöglichkeiten und Mittagspausen.

Punkt 13 Uhr erscheinen die Buchstaben FB, dann ist Franziska Brantner auf dem Bildschirm zu sehen. Einen Augenblick später folgt das Kästchen DB: Dorothee Bär hat sich auch zugeschaltet. Beide Politikerinnen begrüßen sich kurz und freundlich zur Videokonferenz mit der Hertie-Stiftung, für die sie sich eine Stunde Zeit genommen haben. Beide verweisen darauf, dass sie pünktlich Schluss machen müssen. Die nächsten Termine warten. Die Zeit ist an diesem Donnerstag wie so oft im politischen Berlin knapp. Bei Politikerinnen wie Bär und Brantner ist sie immer noch ein bisschen knapper: Sie sind beide Mütter. Die drei Kinder von Dorothee Bär leben in Bayern, in ihrem Wahlkreis. Brantners Tochter wohnt in Berlin, das schafft mehr räumliche Nähe, aber nicht unbedingt mehr gemeinsam verbrachte Zeit. Zudem ist Brantner alleinerziehend.

Zeit, fehlende oder nicht effektiv genutzte, wird auch im folgenden Gespräch Thema sein. Denn sie ist einer der Hauptgründe, weshalb sich Politik nach wie vor so schwer mit Elternschaft vereinbaren lässt. Bär und Brantner haben beide während ihrer politischen Tätigkeit Kinder bekommen. Beide haben erfahren, wie groß die Hürden vor allem für Mütter in den Monaten nach der Geburt sind: fehlende Stillmöglichkeiten, mangelndes Verständnis, ausufernde Sitzungen.

Bei allen politischen Unterschieden sind sich Bär und Brantner in diesem Punkt einig: Parlamente müssen elterngerechter werden. Denn mehr Väter und Mütter in Parlamenten erhöhen die Repräsentanz. Mehr Abgeordnete mit Kindern – auch auf kommunaler Ebene – führen zu einer gerechteren Politik, da ihre Bedürfnisse bisher häufig zu wenig bedacht werden. Zuletzt war dies während des ersten großen Corona-Lockdowns im Frühjahr 2020 der Fall – als sich plötzlich auch Abgeordnete zwischen Sitzungen und Homeschooling aufgerieben haben.

Franziska Brantner Für mich war es eine sehr große Herausforderung, meine Tochter während des Lockdowns zu betreuen, auch als die Schule wieder stundenweise begonnen hatte und der Unterricht abwechselnd vormittags und nachmittags stattfand. Parallel dazu hatte der Bundestag den gewöhnlichen Betrieb wieder aufgenommen. Unsere Nanny gehört der Risikogruppe an, sie fiel daher aus. Ohne meine Mutter, die über Internet aus Süddeutschland ins Kinderzimmer zugeschaltet war und mit meiner Tochter in Fernbetreuung Hausaufgaben gemacht hat, wäre es nicht gegangen. Eine große Hilfe war auch das Spielzimmer im Bundestag, das wir mit unserer Mütterinitiative vor einigen Jahren bereits durchgesetzt haben. Während des Lockdowns haben es einige Abgeordnete regelmäßig für ihre Kinder genutzt, unter Beachtung der Hygieneregeln selbstverständlich.

Dorothee Bär Meine Kinder waren die meiste Zeit in Bayern. Meine Heimat ist sehr ländlich, dort gibt es viel Platz und Natur. In einem Haus mit Garten auf dem Land lässt sich ein Lockdown leichter aushalten als in einer kleinen Wohnung in der Stadt. Meine älteste Tochter war aber öfter auch in Berlin. Abgesehen davon, dass sie es genossen hat, mal eine Woche ohne die Geschwister zu verbringen (*lacht*), war es für sie auch machbar: Sie hatte digitalen Unterricht, an dem sie von Berlin aus teilnehmen konnte. Durch die Digitalisierung haben sich Chancen ergeben, die wir in vielen anderen Bereichen auch nach der Corona-Zeit nutzen sollten.

Brantner Das sehe ich genauso. In der Parteiarbeit zum Beispiel. Ich weiß nicht, wie das bei euch in der CSU ist, aber wir haben festgestellt, dass die Beteiligung an Landes- oder Bundesarbeitsgemeinschaften höher ist, wenn die Sitzungen digital stattfinden. Das betrifft nicht nur Frauen übrigens, sondern auch Berufsgruppen, die nicht für ein Wochenende zu einem Treffen irgendwo im Bundesgebiet reisen können.

Bär In der ersten Corona-Phase waren meine einzigen analogen Termine die Kabinett-Sitzungen. Alles andere wurde plötzlich digital abgehalten. Bei allen Vorteilen, die das mit sich bringt, muss ich in der Rückschau auch sagen: Ein ganzer Tag mit nur digitalen Formaten, die nahtlos aufeinander folgen, hat schon auch Nachteile. Die verschiedenen Termine eines Tages decken ja eine große Themenbreite ab, da hat es schon auch einen Wert, wenn man sich zwischendurch einmal sammeln und auf das neue Thema einstellen kann. Eine digitale Sitzung folgt der nächsten, alles ist noch strenger getaktet als sonst. Mein Wahlkreis ist sehr groß, dort habe ich schon mal eine Stunde Fahrzeit zwischen Terminen, die ich nutzen kann, um mich auf den nächsten Termin vorzubereiten. Selbst in Berlin läuft man zwischendurch kurze Wege, vom Kanzleramt in den

Bundestag zum Beispiel. Auf Dauer wäre es daher sicher keine gute Lösung, alles zu hundert Prozent auf Homeoffice umzustellen. Übrigens auch nicht im Hinblick auf die Vereinbarkeit: Meine Kinder sagen mir manchmal:»Wenn du in Berlin bist, bist du wenigstens in Berlin, aber so bist du daheim und schenkst uns trotzdem nicht die volle Aufmerksamkeit.«

Brantner Meine Tochter sagt:»Dein Körper ist hier, aber deine Seele ist nicht da.« Damit umzugehen finde ich schwierig.

Bär Meine Hoffnung ist, dass wir zu einer 50:50-Lösung kommen. Viele der Reisen, die man als Politikerin macht, müssen nicht sein. Grußworte kann man zum Beispiel sehr gut auch als Videobotschaft schicken. Dadurch spart man sich nicht nur Zeit, sondern schont die Umwelt und die eigene Gesundheit. Aber analoge Treffen mit anderen Menschen haben nach wie vor Vorteile: Man kann sich auch am Rande einmal informell austauschen. Ohne diese persönlichen Begegnungen geht im Zwischenmenschlichen etwas verloren. Unser Ziel muss es daher sein, flexibler zu werden. Ich habe in meiner Mandatszeit alle drei Kinder bekommen, beim ersten weiß ich noch gut, wie ich jeden Montagabend einen Babysitter für die Landesgruppensitzung gebraucht habe. Heute würde ich sagen: Gerade Mütter mit sehr kleinen Kindern sollten sich problemlos digital zu wichtigen Gremiensitzungen zuschalten können, vor allem auch auf kommunaler Ebene. Falls das nicht möglich ist, sollten sie unbedingt die Kosten für die Kinderbetreuung erstattet bekommen. Das Gleiche gilt übrigens auch für Menschen, die Angehörige pflegen. Das kommt Müttern wie Vätern zugute, die privat Verantwortung übernehmen, aber sich auch für unsere Demokratie engagieren wollen. Es geht nicht um»entweder analog oder digital«, sondern um ein kluges

Hybridmodell. Ich bin dankbar, dass bei der CSU-Landesgruppe hybride Sitzungen mittlerweile zum Standard gehören.

Brantner Mich stört bei allen Vorteilen an digitalen Sitzungen auch sehr, dass der Eindruck entsteht, man wäre permanent und überall zu erreichen. Man benötigt zwischendurch Pausen, niemand kann von morgens halb neun bis nachts halb elf durchgehend an Videokonferenzen teilnehmen. Im Bundestag haben wir generell die Problematik, dass die Tagesordnung extrem voll ist und sich meist bis in die Nacht hineinzieht. Im Europaparlament sind zum Beispiel die Redezeiten wesentlich kürzer als bei uns. Rednerinnen und Redner bekommen meist zwei Minuten, die Fraktionsvorsitzenden vier bis sechs Minuten. Dadurch verkürzen sich die Debatten erheblich. Was ich zudem während meiner Zeit als Abgeordnete in Brüssel als sehr angenehm empfunden habe, waren die Mittagspausen. Eine Stunde lang fand im Plenum nichts statt und man konnte sich mit Verbänden, NGOs und anderen Akteuren treffen. Diese Termine finden in Berlin bei den sogenannten parlamentarischen Abenden statt. Für Mütter sind Netzwerktreffen zur Mittagszeit jedoch wesentlich angenehmer, zumal sie dadurch zeitlich begrenzter waren als abends. Da gilt nach wie vor: Wer am trinkfestesten ist und am längsten durchhält, der gewinnt.

Bär Wir haben ja schon versucht, das Zeitmanagement in Sitzungswochen familienfreundlicher zu gestalten. Dazu muss man aber auch sagen, dass wir in dieser Legislaturperiode einen großen Störfaktor haben: Die AfD zerstört vieles im gegenseitigen Einvernehmen und Miteinander. Viele ihrer Anträge werte ich als bewusste Schikane, sie führen zu derart langen Debatten, dass das Plenum donnerstags oft bis nachts um zwei oder drei Uhr dauerte. Wir haben versucht, dies zu entschärfen, indem wir den Mittwoch nicht mehr nur auf das Regierungsprogramm und die Fragestunde begrenzt haben. Dieser Zeitdiebstahl, den die AfD initiiert, ist absurd!

Brantner Es ging ja so weit, dass zwei Personen aus Erschöpfung im Plenum zusammengebrochen sind. Wenn man regelmäßig bis nachts um drei Uhr tagt und am nächsten Morgen wieder um acht Uhr startet, geht das auf Dauer an die Substanz. Der Mittwoch sollte uns alle entlasten. Aber was geschieht? Das Plenum am Donnerstag dauert wieder bis Mitternacht. Für mich ist die Verlagerung keine dauerhafte Lösung, sondern man muss weitere strukturelle Veränderungen angehen. Je größer die Anzahl der Fraktionen ist, desto größer ist die Zahl der Anträge. Deswegen müssen die Debatten verkürzt werden. Neben Maßnahmen wie der Erstattung von Kinderbetreuungskosten, vor allem für Kommunalpolitikerinnen und -politiker, wie du ja schon zu Recht angeregt hast und wie wir es in Baden-Württemberg nun verankert haben, brauchen wir ein besseres Zeitmanagement. Viele Gemeinderäte haben häufig gar keine Redezeitbegrenzungen. Daher dauern Sitzungen sehr lange. Menschen in besonderen Lebensphasen sollte die Teilnahme auch hybrid ermöglicht werden. Bei Abstimmungen wird das nicht möglich sein, aber bei allen Ausschusssitzungen.

Bär Das ist nicht nur technisch, sondern auch datenschutzrechtlich und organisatorisch möglich. Bei der Anmeldung entscheidet man sich, ob man im Sitzungssaal oder am Bildschirm teilnehmen will. Auf diese Weise kann man ganz anders planen und die bisher üblichen Sitzungstage oder -zeiten in Frage stellen. Wenn ohnehin alle vom Bildschirm aus teilnehmen, muss man sich nicht am Montagabend treffen, sondern es wäre auch am Montagmittag oder -nachmittag möglich.

Brantner Parallel dazu müssen wir das Zeitmanagement verbessern. Wolfgang Kubicki, derzeit Vizepräsident des Bundestags, achtet vorbildlich sehr rigide auf die Einhaltung der Redezeiten. Häufig sagen in der Politik alle alles, auch wenn es schon fünfzigmal vorgebracht wurde. Das frisst Zeit ohne Mehrwert. Moderne Moderationsverfahren haben zum Ziel, das zu begrenzen. Wer zum Beispiel mit einem vorgetragenen Argument übereinstimmt, hebt die Hand. Falls jemand das gleiche Argument trotzdem noch mal anbringt, schreitet die Moderation ein und unterbindet das. Das verkürzt jede Sitzung locker um die Hälfte. Meinem Eindruck nach gibt es dafür gerade in der Politik sehr viel Potenzial. Denn häufig ist Zeit ja das, was uns in dem Konflikt zwischen Familie und Beruf am meisten fehlt. Ein guter Ansatzpunkt dabei wäre auch die Frage der namentlichen Abstimmungen: Warum sind sie über den ganzen Tag verteilt und nicht gebündelt? Ich weiß nicht, wie du das siehst, bei uns in der Fraktion ist dies durchaus umstritten – ich finde es sehr sinnvoll. Während der Corona-Krise haben wir die namentlichen Abstimmungen und Wahlen in einem bestimmten Zeitrahmen gebündelt, um das Infektionsrisiko zu senken. Das hat sehr gut funktioniert. Niemand musste mehr lange in einer Schlage vor der Urne stehen.

Bär Grundsätzlich bin ich nicht der Typ, der unbedingt auf namentliche Abstimmungen per Mausklick drängt. Es ist auch ein Wert an sich, dass es Zeiten gibt, in denen man Kollegen trifft, die man sonst nicht sieht, weil sie zum Beispiel aus einem anderen Bundesland kommen. Aber ich bin auch dafür, diese Abstimmungen am Stück zu bündeln. Die Stimme muss auch nicht nachts um zwei Uhr abgegeben werden, das reicht auch noch um 9 Uhr morgens. Den Prozess könnte man an dieser Stelle effektiver gestalten.

Brantner Das machen wir ja in der Corona-Zeit auch. Es geht also.

Bär Genau, es funktioniert. So ist es übrigens bei allen digitalen Prozessen. Das letzte Jahr hat gezeigt, dass sich alle Gegenargumente, die wir jahrelang gebracht haben, nicht bewahrheiratet haben. Auf unseren digitalen Parteitagen, dem kleinen wie dem großen, haben wir Hunderte von Anträgen diskutiert. Ich bin der festen Überzeugung, dass auch viel mehr Leute abgestimmt haben als bei den bisherigen Parteitagen. Insbesondere von Müttern – aber auch von einigen Vätern – habe ich die Rückmeldung bekommen, dass sie diesmal teilgenommen haben, weil man so nebenbei eben noch einiges für die Familie erledigen kann und sich die Anreise spart. Eine Mutter hat mir geschrieben, dass man es so schafft, während der fünf Stunden Parteitag nebenbei noch einen Kuchen zu backen, Kindergeburtstag zu feiern und sich um den Haushalt zu kümmern. Das entscheidende Argument für digitale Parteitage aber finde ich die Gerechtigkeitsfrage. Im Vergleich zu einem hybriden Format gibt es keinen Unterschied zwischen den Teilnehmenden vor Ort und denen am Bildschirm. Niemand fühlt sich benachteiligt, weil er nicht vor Ort netzwerken kann. Vor dem Bildschirm sind alle gleich. Mir schwebt daher vor, die kleineren Parteitage ausschließlich digital auszurichten und bei den Großen beides zur Verfügung zu stellen.

Brantner Bei uns gibt es auch die Überlegung, Arbeitsgemeinschaften auf Landes- oder Bundesebene beispielsweise jedes zweite Mal komplett digital auszurichten. Die Teilnahme ist ja ehrenamtlich. Unsere Erfahrung ist, dass gerade in diesem Bereich mehr Frauen teilnehmen, wenn die Treffen digital stattfinden. Ein großer Vorteil ist es zudem für all jene, die im ländlichen Raum leben.

Bär Für bundes- oder landesweite Gremien ist das sicher eine gute Lösung. Schwieriger ist es auf kommunaler Ebene. In den Gemeinden haben die Leute zum Rathaus meist nur 1000, vielleicht 2000 Meter. Da ist es weniger die räumliche Entfernung, die Frauen abhält, sondern eine Art Konkurrenzkampf um die Zeit, die sie zur Verfügung haben. Oft stellt sich die Frage: Gehe ich lieber in die Elternbeiratssitzung vom Kindergarten oder engagiere ich mich in einer Partei bzw. im Gemeinderat. Viele erleben in der Politik einen kleineren Mehrwert.

Brantner Das ist in der Tat ein Problem. Man kann dem aber auch entgegenwirken. Diese Erfahrung habe ich in meinem alten Wahlkreisbüro in Ludwigshafen gemacht. Nachdem ich Europaabgeordnete wurde, habe ich es zertifizieren lassen mit einem Gütesiegel für Vereinbarkeit von Beruf und Familie der Hertie-Stiftung. Voraussetzung war, dass es eine Stillmöglichkeit und einen Wickeltisch gab, familienfreundliche Arbeitszeiten etc. Zu dieser Zeit war meine Tochter auch noch klein. Du glaubst es nicht, aber dadurch war mein Büro ein beliebter Ort im Stadtzentrum fürs Wickeln oder Stillen. Ich habe Kontakt zu vielen Menschen bekommen, die sonst, glaube ich, nie ein Grünen-Abgeordnetenbüro betreten hätten. Aus dieser Zeit habe ich mitgenommen, dass wir es auch als Partei, wo immer es geht, möglich machen sollten, mit Menschen ins Gespräch zu kommen. Dann steigt auch das Verständnis für Politik und Politikerinnen. Ich thematisiere seither offensiver, dass ich alleinerziehend bin, und bekomme sehr viele positive Rückmeldungen von anderen Alleinerziehenden, die es gutheißen, dass unsere Perspektive in die Politik einfließt.

Bär Es ist sehr wichtig, dass man als Politikerin weiß, wovon man spricht, und ähnliche Erfahrungen hat wie andere – in unserem Fall Mütter – auch. Ich weiß jetzt, was es bedeutet, während eines Lockdowns drei schulpflichtige Kinder zu haben, Homeschooling zu organisieren und nebenbei voll berufstätig zu sein. Es ist wichtig, dass andere Mütter und Väter nicht das Gefühl haben, die »da oben« seien abgehoben und hätten keinerlei echtes Verständnis und keine eigene Erfahrung mit den Herausforderungen des Alltags. Für mich persönlich haben meine Kinder auch dazu beigetragen, dass ich anders Politik mache, denn durch die Kinder denke ich oft viel weiter in die Zukunft als nur die gut vierzig Jahre eines Berufslebens. Das bringt für mich ein anderes Gewicht mit sich.

Die letzten Minuten der Videokonferenz laufen. Dorothee Bär, die ihr Mikrofon während der Gesprächsanteile der anderen stumm geschaltet hat, hält bereits ihr Smartphone in der Hand und klärt die nächsten Termine. Die Taktung bleibt hoch, auch wegen der digitalen Formate, die nicht nur eine Chance für mehr Vereinbarkeit von Politik und Familie bieten, sondern neue Regelungen im Miteinander erfordern – vor allem auch: Selbstdisziplin. Es liegt in den Händen der Politikerinnen und Politiker, der Mandatsträgerinnen und Mandatsträger in Stadträten, Landtagen und im Bundestag, ihren Alltag so zu gestalten, dass er auch für Eltern besser zu bewältigen ist. Bär und Brantner haben die Erfahrung gemacht, dass Parteien ihre Mitglieder aktiver beteiligen können und müssen. Und sie erleben täglich im Parlament, dass ein effektives Zeitmanagement, eine strikte Begrenzung der Redezeiten und eine Verlagerung von Netzwerkveranstaltungen vom Abend in die Mittagszeit große Fortschritte wären. Das alles lässt sich ohne große Änderungen von Geschäftsordnungen auch innerhalb eines Jahres umsetzen. Es braucht nur den politischen Willen dazu.

***

FLEXIBLERE ARBEITSZEITEN FÜR ABGEORDNETE

Idee Parlamente müssen Eltern bessere Arbeitsbedingungen ermöglichen, die Zeit sparen und weniger Anwesenheit voraussetzen. Nur so sind mehr Eltern bereit, in die Politik zu gehen.

Effekt Je mehr Väter und Mütter Mandate übernehmen, desto eher werden nicht nur die Interessen von Familien, sondern auch von künftigen Generationen berücksichtigt. Von einem besseren Zeitmanagement würden auch andere Politiker profitieren – es wäre nicht nur eltern-, sondern menschenfreundlich.

Umsetzung Die Teilnahme an Parteitagen und im Plenum sollte auch digital möglich sein, wenn keine Abstimmungen mit Anwesenheitspflicht anstehen. Die Redezeit in Parlamenten muss strikt begrenzt werden, Sitzungen müssen im Hinblick auf die Einhaltung der Zeiten streng geleitet werden. Netzwerkveranstaltungen sollten nicht mehr ausschließlich abends stattfinden, sondern zum Beispiel auch in Mittagspausen. Dies alles lässt sich ohne großen Aufwand innerhalb eines Jahres umsetzen.

***

Dorothee Bär ist seit 2018 Staatsministerin für Digitalisierung. Zuvor war sie Parlamentarische Staatssekretärin im Bundesministerium für Verkehr und digitale Infrastruktur. Sie ist seit 2017 stellvertretende Parteivorsitzende der CSU. 2002 wurde sie zum ersten Mal in den Bundestag gewählt. Bär hat drei Kinder.

Franziska Brantner ist parlamentarische Geschäftsführerin und europapolitische Sprecherin der grünen Bundestagsfraktion. Sie gehört dem Bundestag seit 2013 an. Von 2009 bis 2012 war sie Abgeordnete im Europäischen Parlament in Brüssel. Franziska Brantner hat eine Tochter.

DEMOKRATIE IM ENKELTEST

Maja Göpel und Petra Pinzler

Wer das Gemeinwohl stärken will, darf die Bedürfnisse der nächsten Generationen nicht ignorieren. Gesetze, Steuern und Ausgabenprogramme sollten neu geprüft werden: Sind sie nachhaltig und stellen sie die Daseinsvorsorge sicher?

Passt grad nicht: So haben Regierungen in den vergangenen Jahrzehnten immer wieder reagiert, wenn es darum ging, politische Vorsorge zu betreiben und ökologische Risiken zu minimieren. Obwohl Wissenschaftler seit fast einem halben Jahrhundert immer lauter vor den dramatischen Folgen des CO_2-Ausstoßes und des Artensterbens warnen, haben Regierungen weltweit die damit verbundenen Gefahren für die Menschheit nicht genügend beachtet. Zwar einigten sie sich auf allerlei globale Konventionen zum Schutz der Umwelt, daraus folgte aber viel zu wenig. Andere Probleme schienen dringlicher: die Nöte, aber auch die Bequemlichkeiten und Wünsche der aktuellen Wählerschaft oder die Lage der Wirtschaft.

Die Gründe für dieses kollektive Versagen sind vielfältig. Zum einen fehlte es an Mut oder schierem Wissen, wie der nachhaltige Umbau von Wirtschaft und Gesellschaft funktionieren könnte. Zum anderen fehlte das Gefühl der Dringlichkeit, weil die heutige Umweltzerstörung kumulativ wirkt und erst für die Kinder und Enkel zu einer echten, dramatischen Krise werden wird.

Es wäre ein Leichtes, dieses Nichthandeln vor allem »der

Politik« anzukreiden. Das aber griffe zu kurz. Der herrschende Diskurs der vergangenen Jahrzehnte betonte regelmäßig die Konkurrenz von sozialen und ökologischen Zielen: entweder Wohlstand oder saubere Luft, entweder Armutsbekämpfung oder saubere Flüsse. Ökonomen, Unternehmensberater, Gewerkschafter und allerlei andere Experten suggerierten, dass nur mehr ökonomisches Wachstum und technologischer Fortschritt Abhilfe schaffen könnten. Dass die Menschheit erst reich werden müsste, um sich den Umweltschutz leisten zu können. Wachstum aber, auch das gehörte zur vorherrschenden Erzählung, bräuchte möglichst unregulierte Märkte.

Leider hat die Realität gezeigt, dass die Horizonte von Anlegern oft nicht über die Quartalsberichte hinausreichen, also noch kürzer als Wahlperioden sind – wobei selbst die kurz sind, gemessen an den Zeiträumen, in denen gedacht und geplant werden müsste, wollte man den ökologischen Umbau der Wirtschaft tatsächlich vorausschauend vorantreiben. Der schlagzeilenverkürzte Sofortismus der sozialen Medien tat ein Übriges: Die Zukunft wurde vollends aus der Gegenwart vertrieben, so auch aus den meisten aktuellen Debatten.

Das hatte sich mit Beginn der Coronakrise schlagartig geändert. Für einen kurzen Moment gab es sogar die Hoffnung, dass sich das Vertagen auf Übermorgen nun radikal ändern würde. Die meisten Bürgerinnen und Bürger dieses Landes teilten während des Lockdowns im Frühjahr einschneidende Erfahrungen: Kleine Handlungen in der Gegenwart haben eine große Wirkung auf die Zukunft. Die Summe ist viel mehr, als ein Blick auf die Teile vermuten lässt. Versäumnisse in anderen Ländern wirken hier und umgekehrt. Mein und dein ist nicht zu trennen, sobald die Konsequenzen einer Entscheidung andere in Mitleidenschaft ziehen.

Die vielleicht wichtigste Erfahrung aber war: Politik kann eben doch handeln. Sie muss es sogar, um systemische Krisen aufzuhalten und das Gemeinwohl zu schützen. Das klingt fast banal, und doch war es nach vielen Jahren, in denen ein arg begrenzter Spielraum nationaler Politik fast wie ein Naturgesetz hingenommen worden war, ein neues Erfahrungswissen. Als sich die Krise sehr schnell zuspitzte, war die Exekutive sehr wohl in der Lage, zügig und entschlossen zu reagieren. Sowohl Kanzleramt als auch Ministerpräsidenten, Parlamente und Behörden haben Verbote verhängt, Hilfsmaßnahmen ermöglicht und Existenzen gerettet. Egal wie man heute zu den Maßnahmen steht, eins ist sicher: Seit Corona können sich Politiker nicht mehr so einfach vor bekannten Problemen wegducken. Passt grade nicht – das Argument trägt nicht mehr.

Aus diesem Grund wuchs bei vielen Bürgern, bei Jugendlichen der Friday-for-Future-Bewegung und ihren Eltern, bei Intellektuellen, Ökonomen und auch Politikern die Hoffnung, dass Corona ganz nebenbei zu einer Art Generalüberholung des bisherigen Wachstumsmodells führen könnte.

Tatsächlich flog eine Weile fast niemand mehr, die Menschen konsumierten nicht mehr so viel und reisten weniger. Die Luft in den Städten wurde sauberer und der CO_2-Ausstoß ging zurück. Es zeigte sich jedoch zugleich etwas Beängstigendes: Wenn Verbraucher, wie zu Beginn der Coronakrise, fast nur noch das kaufen, was sie wirklich brauchen, entsteht für unser Wirtschaftssystem ein strukturelles Problem. Kein Konsum, keine Nachfrage: Die Ökonomen nennen das Rezession oder – wenn eine solche Situation länger anhält – gar Depression. In den ersten Wochen der intensiven Beschränkungen im Alltag schien genau das möglich.

Die Antwort des Staates war ein »Wumms«: So nannte Finanzminister Olaf Scholz das Hilfsprogramm. Die Mehrwertsteuer wurde temporär auf 16 Prozent gesenkt, der Staat verschuldete sich, rettete Unternehmen mit Milliarden, legte Programme für Bürger auf, in der Hoffnung, dass sie es ihm gleichtun und wieder Geld ausgeben. Mit diesem Wumms war der Traum einer sozial-ökologischen Transformation, des Umbaus von Wirtschaft und Gesellschaft in ein faireres, umweltfreundlicheres Miteinander schnell wieder zerplatzt.

Genaue Zahlen gibt es bis heute nicht, aber der Ökonom Tom Krebs schätzt rund ein Drittel der Ausgaben aus dem Konjunkturpaket als nachhaltig ein, der Rest ist entweder neutral oder sogar schädlich für die Ökologie. Und bei den ökologischen Investitionen sind es mal wieder Technologien, die es richten sollen, diesmal Elektromobilität, Wasserstoff und künstliche Intelligenz. Die europäische Vision einer weitreichenden Kreislaufwirtschaft hat es nicht ins Konzept geschafft, geschweige denn irgendeine Referenz auf die verbindliche Reduktion von Verschmutzungen, die über staatliche Beteiligungen, Transfers, Rückstellungen und Kredite erreicht werden könnte.

Die Gründe sind einfach und ähnlich wie in all den Jahren zuvor: Angst und Unwissen. Ökonomie und Ökologie sind jedoch nur dann zu versöhnen, wenn die Wirtschaft sich öffnet und die Politik ihren Modus wechselt: Krisen dürfen nicht mehr kurzfristig-reaktiv bekämpft, sondern müssen langfristig-proaktiv vermieden werden. Weil aber bis heute nur eine Minderheit von Ökonomen daran forscht, traut sich auch nur eine Minderheit von Politikern, in diese Richtung zu denken.

Konkret bedeutet das: Wenn die Regierung eine Fluggesellschaft wie die Lufthansa mit Milliarden an Steuergeldern rettet und im Gegenzug trotzdem keine verbindliche Dekarbonisierungsstrategie fordert – dann wird die Umweltbelastung durch das Fliegen eben nicht dauerhaft sinken.

Sie sinkt auch nicht, wenn die Regierung die Autoindustrie mit Steuernachlässen für Hybridfahrzeuge und einer Senkung der Mehrwertsteuer beim Absatz von Dieseln und Benzinern unterstützt – ohne ein Enddatum für deren Betrieb zu verhängen. Die Liste der Beispiele ließe sich beliebig verlängern. Sie alle laufen auf einen Grundsatz hinaus: Die großen ökologischen Risiken der Zukunft werden heute immer noch nicht adäquat in die Politik eingepreist, der damit einhergehende Strukturwandel wird nicht umfassend beschrieben oder auch nur benannt. Die Diktatur des Jetzt verhindert Innovationen, die Wirtschaft und Gesellschaft fit machen für eine Zukunft, in der die Ressourcen Luft, Wasser und Erde begrenzter sein werden. Damit fallen die Rechte und Interessen zukünftiger Generationen weiterhin krachend unter jeden derzeit relevanten Verhandlungstisch. Was heute politisch beschlossen wird, leidet daher unter einem demokratischen Defizit: Es ist nicht enkelfähig.

Das Kriterium »enkelgerecht« würde die Demokratie entscheidend verändern, denn es setzt voraus, dass den kommenden Generationen eine halbwegs intakte Welt hinterlassen wird. Diese Welt ist gekennzeichnet durch eine umfassende nachhaltige Versorgungssicherheit auch in Krisen, und zwar nicht nur mit Klopapier. Sie bietet ein soziales Netz, das den Einzelnen in der Not auffängt, ein funktionierendes Gesundheitssystem, ein faires und gutes Bildungssystem sowie gesicherten Wohnraum.

Wenn gesellschaftliche Erwartungen an kurzfristige ökonomische Effizienz zu hoch werden, schwinden Prävention, Diversität und damit die Resilienz der Politik. Sie verliert ihre langfristige Fähigkeit, auf Schocks mit schnellen Anpassungen und Alternativen reagieren zu können. Dort wo beispielsweise die Herstellung lebenswichtiger Medikamente und Schutzmittel aus Kostengründen ins Ausland verlagert wurde, kann in einer Krise nicht schnell genug reagiert werden. Dies war ein Grund für den Mangel an Masken in den ersten Wochen der Coronakrise.

Ein nachhaltiger, zukunftsfähiger Staat muss die betriebswirtschaftliche Durchoptimierung von nationalen wie internationalen Wertschöpfungsketten jedenfalls bei wichtigen Gesundheits- oder Grundgütern hinterfragen. Eine enkelfähige Politik müsste dafür sorgen, dass wichtige Medikamente und Lebensmittel künftig immer verfügbar sind, ergo in Deutschland oder zumindest in der EU produziert werden. Dafür müssten neue Kooperationen und Vergütungsstrukturen erdacht, aber auch Spekulationen und Rent-Seeking in diesen lebenswichtigen Bereichen zurückgedrängt werden. Dass beispielsweise Ackerboden immer mehr zur Wertanlage für Superreiche wird, stellt eine enkelinadäquate Gestaltung von Eigentumsrechten dar. Sie erschwert den Bauern zunehmend die Produktionen von guter Nahrung.

Eine enkelgerechte Reform der Marktwirtschaft müsste in letzter Konsequenz ein ökonomisches Mantra in Frage stellen: die Globalisierung. Bisher galt: Immer mehr Handel ist gut, es nützt der Menschheit, wenn immer mehr Güter rund um die Welt gehandelt werden, immer mehr Schiffe, immer mehr Container von Asien nach Europa und Amerika schippern oder umgekehrt. Einschränkungen der internationalen Arbeitsteilungen sind daher weder möglich noch wünschenswert. Doch das änderte sich grundlegend, als Regierungen aufgrund der Corona-Pandemie plötzlich reihenweise die Grenzen schlossen.

Seither gilt Protektionismus nicht mehr nur machbar, sondern mitunter dringend geboten. Seither wird offener diskutiert, ob die Globalisierung klüger gestaltet werden müsse. Denn offensichtlich gibt es bei der preisgetriebenen Globalisierung von Warenströmen ein Zuviel – einen Moment, von dem an der aktuelle Wohlstandsgewinn durch Handel auf Kosten der Umwelt und der nächsten Generation geht. Globale Lieferketten steigern nicht nur den CO_2-Ausstoß, sie bilden auch die gefährliche Infrastruktur der Weltrisikogesellschaft: Immer mehr Schiffe, Flugzeuge und Straßen zerstören die letzten natürlichen Schutzgebiete, die Biodiversität. Dies macht wiederum das Überspringen von zoonotischen Viren wie Sars-CoV-2 auf die Menschen wahrscheinlicher. Umgekehrt bedeutet das: Wer Umweltzerstörung verhindert, reduziert auch Krankheitsrisiken.

Aus alldem folgt nicht, dass das Welthandelssystem nun komplett ausgehebelt und Grenzen dauerhaft geschlossen werden sollten. Es geht darum, wie es reformiert werden kann, um all den Wohlstand, den es gebracht hat, nicht zu verspielen. Zumal viele Länder erst durch die Globalisierung Armut besser bekämpfen konnten. Aber die zukunftssichere Widerstandskraft von Wertschöpfungsketten muss bedacht werden.

Bleibt die Frage, wie solche – ja durchaus vorhandenen – wissenschaftlichen Erkenntnisse tatsächlich auf die politische Agenda kommen. Darüber haben Expertenkommissionen beim World Future Council, dem Institute for Advanced Sustainability Studies, aber auch der Wissenschaftliche Beirat Globale Umweltveränderungen und der Sachverständigenrat für Umweltfragen (SRU) nachgedacht. Letzterer hat 2019 in einem Gutachten Vorschläge dafür gemacht, wie Langzeitinteressen im politischen Prozess besser berücksichtigt werden und »demokratisches Regieren in ökologischen Grenzen« funktionieren könnte. Einer dieser Vorschläge war ein »Rat für Generationengerechtigkeit«.

Er soll als eine Art institutionalisierter Frühwarner darauf aufmerksam machen, welche Auswirkungen gegenwärtige politische Entscheidungen auf künftige Generationen haben werden. Zudem soll der Rat den Gesetzgeber anregen, aktiv zu werden, wenn es zum Schutz der nächsten Generationen nötig ist. Innerhalb einer gewissen Frist soll er zu allen nachhaltigkeitsrelevanten Gesetzentwürfen Stellung nehmen. Damit diese Stellungnahmen nicht zur Wirkungslosigkeit verdammt sind, sollen sie mit einem aufschiebenden Vetorecht ausgestattet sein. Hat der Rat bei einem Gesetz schwerwiegende Bedenken wegen der Auswirkungen auf die Generationengerechtigkeit, soll er es mit den Stimmen von zwei Dritteln seiner Mitglieder befristet stoppen können – bis die Bedenken ausgeräumt sind.

Man kann diese Idee für ein stumpfes Schwert halten, aber ihr liegt eine grundsätzliche Innovation zugrunde: Sie würde der Lobbymacht kurzfristiger Interessen eine Stimme entgegensetzen. Dieses Prinzip ließe sich auch auf die Prüfung existierender Politiken ausweiten und in Aufsichtsräte wirtschaftlicher Akteure tragen. Auf diese Weise ließe sich ein enkelgerechtes Weltbild etablieren, das nicht zuletzt eine moderne, demokratische und nachhaltige Gesundheitsvorsorge garantiert.

Die globale Vernetzung hat durch ihren bislang zerstörerischen Umgang mit der Natur die Ausbreitung von Seuchen erleichtert und damit die Risiken für Ältere, Ärmere und vielleicht auch unsere Kinder erhöht. Im Umkehrschluss bedeutet dies: Wilde Tiere müssen in Zukunft besser geschützt werden, Ökosysteme ebenso. Dabei geht es nicht nur um Eisbären auf der immer kleiner werdenden Scholle oder den Urwald in Brasilien. Es geht um Würmer in der Gartenerde, Vögel im nahen Wald und Insekten, die eben nicht mehr auf der Windschutzscheibe kleben.

Eine kluge Politik würde sich vornehmen, dieses Sterben

nicht nur zu registrieren, sondern aktiv zu bekämpfen. Sie würde verhindern, dass sich die Risiken, die wir sehenden Auges eingehen, zu immer weiteren Krisen ausweiten – die sich dann gegenseitig verstärken. Diese Art von Umwelt-Gesundheits-Vorsorge ist weiterhin angewiesen auf Technologien, Infrastrukturen und eine starke Wirtschaft. Aber sie sollten stärker als heute der Prävention und Sicherheit dienen.

Eine eindrucksvolle Zahl von 40 Millionen Beschäftigten aus dem Gesundheitssektor hat zu Beginn der Corona-Pandemie einen Appell zu planetarer Gesundheit verfasst. Darin machen sie klar, dass es vor allem die Konsumstile und die Qualität der Lebensräume sind, die über die Sicherheit und Gesundheit der Menschen in Zukunft entscheiden werden. Man muss das noch einmal wirken lassen: Die Menschen, die sich professionell mit der Pflege und gesundheitlichen Versorgung anderer Menschen beschäftigen, fordern nicht etwa neue Heilmittel – sondern intakte Ökosysteme(!). Sie überwinden damit die fiktive Trennung biologischer Arten und beschreiben die Menschheit wieder als das, was sie ist: als Teil eines gesunden oder kranken Planeten. Gleichzeitig prägen sie einen neuen Begriff von Fortschritt: Er basiert nicht auf einem bisher üblichen Generationenkampf (eine Generation lebt auf Kosten der nächsten), sondern einer Generationenallianz. Fortschritt verbindet soziale und ökologische Ziele, die sich nicht mehr in einem Konflikt befinden, sondern als zwei Seiten einer Medaille verstanden werden. In der Folge würden all jene ökonomischen Strukturen und Anreize in den Blick rücken, die dieser Verbindung im Wege stehen: all die Steuern, die umweltschädlichen Subventionen, das unsoziale Verteilungssystem von Reichtum.

Der Anspruch der Enkeltauglichkeit würde dabei mitnichten die politischen und ideologischen Diskussionen beenden –

und er würde nicht, wie hin und wieder befürchtet, zu einer Diktatur der Ökologie führen. Allerdings wäre er eine Grundlage für eine Politik, die die ökologischen Grenzen des Planeten beachtet. Wie und mit welchen politischen Maßnahmen sich eine gute nachhaltige Gesellschaft bewahren lässt, werden Konservative sicher auch künftig anders beantworten als Linke. Aber das Wertkonservative würde mit neuem Inhalt gefüllt: Es würde nicht nur eine nachhaltige Schuldenbremse im Grundgesetz umfassen, sondern das ökologische Kapital sichern: Wie erhalten wir den Wald, die Bodenfruchtbarkeit, die Wasserkreisläufe, die Artenvielfalt für die zukünftige Ressourcenversorgung? Wertkonservative brauchen dafür neue Antworten.

Die Sozialdemokratie wiederum macht sich traditionell für eine gute Infrastruktur und Bildung stark und nimmt dafür auch eine höhere staatliche Verschuldung in Kauf. Dennoch müsste sie verstärkt darüber nachdenken, wie Investitionsprogramme transformativ gestaltet werden können. Grüne schließlich kämpfen seit jeher für den Schutz der Umwelt, aber die entscheidende Frage werden auch sie beantworten müssen: Wie können die Lasten gerecht verteilt werden?

Für das Ziel einer planetaren Gesundheit müssten viele weitere Trennlinien überwunden werden – insbesondere die zwischen den älteren und jüngeren Generationen, die sowohl in der Corona- als auch der Klimakrise häufig als Gegensätze aufscheinen. Das Kriterium der Enkeltauglichkeit würde die Demokratie nicht nur um die fehlende Dimension der Zukunft bereichern, sondern Generationengerechtigkeit als ganzheitliche Dimension einführen und damit die Debatte über erfolgreiches Wirtschaften ganz neu beleben.

***

MEHR GENERATIONENGERECHTIGKEIT
IN DER POLITIK

Idee Politik und Wirtschaft müssen sich wieder stärker am Wohl künftiger Generationen orientieren statt an einer kurzfristigen Wachstumsmaxime. Klima- und Biodiversitätsschutz sind die Grundpfeiler einer Politik, die auch in Zukunft Bestand hat.

Effekt Das Kriterium der Enkelgerechtigkeit würde zum Leitfaden von Politik und somit die Demokratie entscheidend verändern. Nachhaltige Versorgungssicherheit würde ganz oben auf die politische Agenda rücken. Sie umfasst unter anderem ein funktionierendes Gesundheitssystem, ein faires Bildungssystem und gesicherten Wohnraum.

Umsetzbarkeit Ein Rat für Generationengerechtigkeit, wie ihn der Sachverständigenrat für Umweltfragen (SUR) vorgeschlagen hat, könnte jederzeit eingesetzt werden. Er prüft die Auswirkungen von Gesetzen und politischen Maßnahmen auf künftige Generationen und kann von einem aufschiebenden Vetorecht Gebrauch machen, falls er Bedenken hat. Zudem kann er selbst die Initiative ergreifen und den Gesetzgeber dazu anregen, aktiv zu werden.

***

Maja Göpel ist Politökonomin, Expertin für Nachhaltigkeitspolitik und Transformationsforschung, wissenschaftliche Direktorin des neu gegründeten Forschungsinstituts The New Institute und Mitbegründerin von Scientists4Future. Sie schrieb u. a. den Bestseller *Unsere Welt neu denken. Eine Einladung*.

Petra Pinzler ist Hauptstadtkorrespondentin der ZEIT in Berlin für Politik und Wirtschaft. Sie wurde unter anderem mit dem Otto-Brenner-Preis für kritischen Journalismus sowie dem Umweltpreis der Deutschen Umwelthilfe für ihr jüngstes Buch *Vier fürs Klima. Wie unsere Familie versucht, CO_2-neutral zu leben* ausgezeichnet.

KLARE REGELN
UND GESETZE

STURMFESTES GRUNDGESETZ

Maximilian Steinbeis

Das Bundesverfassungsgericht sollte besser gegen
eine Machtübernahme von Populisten abgesichert werden.
Mit einer Änderung der Grundgesetzartikel 93 und 94 wäre dies möglich.

Nehmen wir einmal an, die Feinde unserer Verfassung kennen deren Schwächen sehr genau. Sie wissen, was im Grundgesetz selbst geregelt ist über die Zuständigkeit und die Zusammensetzung des Bundesverfassungsgerichts sowie die Wahl seiner Richterinnen und Richter und was nur in einfachen Bundesgesetzen. Nehmen wir an, sie wissen – oder lassen sich entsprechend beraten –, dass durch geschickte Manipulation dieser Rechtsnormen ein Szenario implementiert werden könnte, das ebenso unspektakulär daherkäme wie spektakuläre Folgen hätte, nämlich die Unterwerfung des Bundesverfassungsgerichts unter den Willen der Regierungsmehrheit.

Nehmen wir an, der Zerfall des bipolaren Parteiensystems setzt sich, wie anderenorts in Europa längst geschehen, in der Post-Merkel-Ära auch in Deutschland weiter fort. Nehmen wir an, eine neue politische Bewegung tritt auf den Plan, angeführt von einem charismatischen, jugendlichen Schwung ausstrahlenden Führer. (Das muss gar nicht unbedingt ein Rechter sein.) Nehmen wir an, die dadurch ausgelöste Dynamik verändert das Spektrum der politischen Möglichkeiten radikal: Diese neue Bewegung, so scheint es, durchbricht die alte Teilung zwischen Linker und Rechter, scheint die Sehnsucht der Bevölkerung nach Einheit und Handlungsfähigkeit und tatkräftigem Durchregieren tatsächlich einzulösen und ihrem Überdruss am immer Gleichen und immer gleich Unzulänglichen eine Alternative anbieten zu können: keine Koalitionen mehr, keine Kompromisse, keine der Mehrheitsfindung geopferten Wahlversprechen. Nehmen wir an, dieser Bewegung gelingt es, vom Schwung dieser Dynamik getragen, eine absolute Mehrheit im Bundestag zu erobern.

Nehmen wir ferner an, die neue Regierung verkündet kurz nach der Wahl, das Gesetz über das Bundesverfassungsgericht ändern zu wollen. Das ist ein ganz normales Bundesgesetz, das die Gerichtsverfassung und das Prozessrecht des Bundesverfassungsgerichts regelt, zumeist technische Details. Um es zu ändern, genügt eine einfache Mehrheit im Bundestag; eine Zustimmung des Bundesrats ist nicht erforderlich. Nehmen wir an, die Bundesregierung schlägt eine Änderung dieses Gesetzes vor, die den bisherigen zwei Senaten des Karlsruher Gerichts einen dritten hinzuzufügt.

Und warum auch nicht? Die meisten Leute wissen kaum, dass das Bundesverfassungsgericht aus zwei Senaten besteht (§ 2 Abs. 1 BVerfGG), also wird es auch kaum jemand aufregen, wenn es drei werden. Dazu kommt, dass das Karlsruher Gericht sich selbst seit langem beschwert, dass es so überlastet ist. Also: drei Senate. Was bedeutet: Auf einen Schlag sind acht neue Posten zu besetzen.

Vier davon, und das verlangt ausnahmsweise tatsächlich direkt das Grundgesetz (Art. 94 Abs. 1 S. 2), besetzt der Bundestag, wo die neue Regierungspartei die Mehrheit hat, die anderen vier der Bundesrat. Bisher ist es allerdings so, dass eine Zweidrittelmehrheit nötig ist, um Richterinnen und Richter am Bundesverfassungsgericht zu wählen. Das steht in § 6 Abs. 1 S. 2 des Gesetzes über das Bundesverfassungsgericht. Dieses Gesetz kann jedoch, wie gesagt, seinerseits mit einfacher Mehrheit im Bundestag geändert werden.

Nehmen wir an, die neue Bundesregierung tut das. Der Gesetzentwurf zur Änderung des Bundesverfassungsgerichtsgesetzes erstreckt sich auch auf § 6 Abs. 1 S. 2. Fortan genügt eine einfache Mehrheit in Bundestag und Bundesrat, um die Posten in Karlsruhe zu besetzen. Das bedeutet: vier der acht neuen Richterinnen und Richter stellt die neue Regierungspartei alleine.

Das ist noch keine Mehrheit im neuen dritten Senat. Dafür wären fünf Stimmen nötig. Aber eine Mehrheit braucht der, der klagt, nicht der, der verklagt wird. Aus Sicht der Bundesregierung heißt das: Wenn jemand gegen eins ihrer Gesetze klagt vor dem Bundesverfassungsgericht, die Opposition oder ein Land oder der Bundesrat oder auch eine Bürgerin und ein Bürger –, dann müssen mindestens fünf der Senatsmitglieder zu der Überzeugung gelangen, dass das Gesetz verfassungswidrig ist (§ 15 Abs. 4 S. 3 BVerfGG). Ergo: Vier Stimmen im Senat reichen aus, um die Regierung weitestgehend gegen die Möglichkeit, in Karlsruhe eine Niederlage zu erleiden, zu immunisieren.

Nehmen wir ferner an, die Bundesregierung verändert die Verteilung der Zuständigkeiten zwischen den Senaten. Der neue dritte Senat ist künftig für alle Verfahren des Staatsorganisationsrechts zuständig: Organstreite, Bund-Länder-Klagen, Normenkontrollklagen – all die technischen Fragen aus dem Maschinenraum der Demokratie. Die anderen beiden Senate sollen sich dafür um die Grundrechte der Bürgerinnen und Bürger kümmern.

Nehmen wir obendrein an, die Bundesregierung verkündet ein großes Reformpaket, eine Steuerreform, Investitionen in Bildung und Verkehr – etwas, das tief in die Kompetenzen der Länder eingreift. Nehmen wir weiter an, dies sei verfassungsrechtlich zweifelhaft. Nehmen wir an, die Länder klagen. Der Fall würde beim dritten Senat landen. Die vier vom Bundestag gewählten Richterinnen und Richter, anders als ihre vom Bundesrat gewählten Kolleginnen und Kollegen, hielten das Gesetz für verfassungsrechtlich alles in allem in Ordnung.

Nehmen wir schließlich an, die Bundesregierung sähe sich durch diesen knappen Ausgang zu einer erneuten Änderung des Bundesverfassungsgerichtsgesetzes veranlasst: Künftig muss ein Senat in Karlsruhe, wenn er ein Gesetz als verfassungswidrig aufheben will, mit Zweidrittelmehrheit entscheiden. Und zwar auch die beiden anderen Senate. Damit ist die Wahrscheinlichkeit, dass Karlsruhe der Bundesregierung effektiv in den Arm fällt, endgültig theoretisch geworden.

Nehmen wir zuletzt an, die Bundesregierung mache sich anschließend ans Werk, die gesetzlichen Rahmenbedingungen ihrer Wiederwahl gezielt zu verändern: das Wahlrecht, das Parteienrecht, das Parlaments- und das Medienrecht. Und am Ende auch das Verfassungsrecht selbst: Nehmen wir an, die Bundesregierung stellt in den Mittelpunkt des Wahlkampfs eine Volksabstimmung über eine neue deutsche Verfassung nach Artikel 146 Grundgesetz.

Eine entsprechend entschlossene Bundestagsmehrheit wäre in der Lage, binnen einer Legislaturperiode die Verfassungsordnung komplett auf den Kopf zu stellen, ohne auch nur einen Buchstaben an der Verfassung zu verändern. Sie könnte sich gegen jede Möglichkeit des politischen Misserfolgs immunisieren, ohne dass die Institutionen des Verfassungsstaats im Rahmen ihrer Verfahren und Zuständigkeiten viel dagegen tun könnten. Das ginge. Verfassungsrechtlich wäre dagegen kein Kraut gewachsen.

Es wäre naiv, zu glauben, man könnte die Verfassungsordnung gegen jede Art von Schreckensszenario absichern. Man kann die Verfassung nie so vollkommen machen, dass sie alles regelt. Jede demokratische Verfassung ruht auf einem Bett von ungeschriebenen Konventionen und Fairnessregeln, die steuern, was man im politischen Betrieb machen kann und was nicht. Sie gelten nicht, weil dies eine Mehrheit gegen eine Minderheit durchgesetzt hat, sondern weil niemand ein Interesse daran hat, dass sie nicht gelten. Gegen sie zu verstoßen hieße, den politischen Betrieb kaputt zu machen, und davon hat im Regelfall niemand etwas. Die Opposition hofft, irgendwann zu regieren, und die Regierung weiß, dass sie dann in der Opposition landet, und diese Einsicht erlegt beiden auch in der erbittertsten politischen Schlacht bei der Wahl der Waffen, die sie gegeneinander ergreifen, von sich aus Schranken auf.

In immer mehr Demokratien hat diese Schmierschicht von politischen Fairnessregeln aufgehört zu funktionieren: in Ungarn und in Polen, aber auch in sehr viel älteren und vermeintlich stabileren Demokratien bis hin zu Großbritannien und den USA, zwei Mutterländern von Demokratie, Verfassungsstaat und Liberalismus überhaupt. *Constitutional Hardball*, wie der US-Verfassungsrechtler Mark Tushnet diesen Raubbau an den Existenzbedingungen der Demokratie nennt, lässt sich mit den Mitteln des Verfassungsrechts nie bis zur letzten Konsequenz ausschließen. Die perfekte, lückenlose Verfassung gibt es nicht. Sehr wohl aber gibt es die Möglichkeit, aus anderenorts gemachten Erfahrungen zu lernen und identifizierbare Lücken zu schließen. Eine solche Lücke, die ich für besonders gefährlich halte, betrifft die Institution des Bundesverfassungsgerichts.

Aufbau und Verfahren des Bundesverfassungsgerichts regelt das Grundgesetz nur punktuell, etwa dass die Hälfte der Senatsmitglieder jeweils von Bundestag und Bundesrat zu wählen sind oder dass ein Teil der Kandidaten Bundesrichterinnen und -richter sein müssen. Alles andere überlässt das Gericht dem Gesetzgeber, also der einfachen Mehrheit im Bundestag (Art. 94 Abs. 2 GG). Das gilt auch für die Frage, mit welcher Mehrheit die Richterinnen und Richter am Bundesverfassungsgericht gewählt werden müssen. Wie gesagt: Im Moment ist dafür eine Zweidrittelmehrheit nötig, aber um diese Vorschrift abzuschaffen, genügt eine einfache Mehrheit.

In der Tat, könnte man meinen, spricht bereits jetzt allerhand dafür, genau das zu tun. Je mehr die ehemaligen sogenannten Volksparteien ihre Dominanz einbüßen und die Parteienlandschaft zersplittert, desto schwieriger wird es, die nötigen zwei Drittel zusammenzubekommen, um frei werdende Richterposten zu besetzen. Das ist bereits jetzt spürbar, und wer weiß, was die Zukunft bringt? Sperrminoritäten könnten die Wahl auf unabsehbare Zeit blockieren. Parteien an den rechten oder linken Rändern des politischen Spektrums könnten Einfluss auf die Zusammensetzung des Gerichts erlangen. Vor dem Hintergrund erscheint die Abschaffung der Zweidrittelmehrheit bei der Wahl der Richterinnen und Richter schon jetzt als durchaus attraktive Option.

Das wäre fatal. Dass die Verfassung, anders als andere Gesetze, nur mit Zweidrittelmehrheit geändert werden kann (Art. 79 Abs. 2 GG), hat den Zweck, zu verhindern, dass dem temporären Sieger im politischen Wettbewerb um die Mehrheit die Macht in die Hände fällt, die Spielregeln dieses Wettbewerbs zu seinen Gunsten zu manipulieren. Ja, die Mehrheit soll die Macht bekommen, gegen den Willen der Minderheit kollektiv verbindliche Entscheidungen zu fällen – aber diese Macht darf sich nicht auf die demokratischen Verfahrensregeln erstrecken. Um diese zu ändern, muss die unterlegene Minderheit mitwirken. Das gilt insbesondere für die Regeln, die den Schiedsrichter betreffen.

Das Bundesverfassungsgericht hat in Deutschland eine solch starke Stellung, weil es nicht als politischer Akteur wahrgenommen wird: Die wenigsten wissen überhaupt, wie die Richterinnen und Richter heißen, geschweige denn, welche Partei sie nominiert hat. Die Senatsmitglieder richten – so zumindest die Selbst- und Fremdwahrnehmung – ihre Urteilstätigkeit nicht an politischen Interessen aus, sondern allein am Recht. Damit wäre es vorbei, wenn sie mit einfacher Mehrheit gewählt würden. Sie wären dann die Kandidaten der jeweiligen Mehrheit im Gegensatz zur Minderheit. Wie bei den Richterinnen und Richtern des US Supreme Courts würde ihre Wahl zum Politikum werden, zu einem Beitrag, die politische Ausrichtung des Gerichts im Sinne der jeweiligen Regierung zu verschieben.

Natürlich hat die Zweidrittelmehrheit bei der Wahl der Richterinnen und Richter ihre Nachteile. Im Extremfall könnte eine Sperrminorität Nachbesetzungen so lange blockieren, bis der Senat entscheidungsunfähig wird. Aber das erscheint mir als das geringere Risiko. Zum einen ist es jetzt schon so, dass die Posten nicht vakant werden, wenn sich die Nachbesetzung verzögert, sondern die bisherigen Richterinnen und Richter einstweilen weiter im Amt bleiben (§ 4 Abs. 4 BVerfGG). Das ist zwar für diese eine Zumutung, aber eine zu rechtfertigende. Zum anderen ließe sich für ein solches Blockierszenario wohl eine im BVerfGG zu normierende Regelung finden, die die Blockade unwahrscheinlicher und politisch unattraktiver machen würde. Die Optionen reichen von einem temporären Kooptationsrecht des Gerichts selbst bis hin zu einer Nominierungskompetenz etwa der Bundespräsidentin oder des Bundespräsidenten. Das erscheint mir als gegebenenfalls zwar nicht triviales, aber lösbares Problem.

Das Bundesverfassungsgericht darf gar nicht erst wahrgenommen werden als potenzielles Machtinstrument der Mehrheit über die Minderheit. Um dem vorzubeugen, müssen die Artikel 93 und 94 geändert beziehungsweise ergänzt werden: Die Eckpunkte der Wahl der Richterinnen und Richter sowie der Gerichtszusammensetzung müssen dem Bereich des mit einfacher Mehrheit Regelbaren entzogen und direkt in der Verfassung verankert werden. Diese Verfassungsänderung würde die bundesdeutsche Demokratie ein entscheidendes Stück robuster und resilienter machen in diesen unsicheren Zeiten. Nicht dass wir Deutschen damit vor allen autoritären Horrorszenarien auf alle Zeiten sicher wären. Keine Verfassung kann das leisten. Aber eines wäre zumindest ausgeschlossen.

Im Augenblick sind die nötigen Mehrheiten für diese Grundgesetzänderung in Bundestag und Bundesrat wohl noch erreichbar. Das kann schon nach der nächsten Bundestagswahl anders sein. Daher sollte sie im kommenden Jahr angestoßen werden.

***

Idee Das Bundesverfassungsgericht muss über eine Grundgesetzänderung davor geschützt werden, als Machtinstrument missbraucht und dem Willen der Regierungsmehrheit unterworfen zu werden.

Effekt Die Regierungspartei(en) können die Zusammensetzung des Bundesverfassungsgerichts und damit die demokratischen Spielregeln nicht mehr mit einfacher Mehrheit ändern. Die Demokratie wird resilienter gegen populistische Bewegungen.

Umsetzbarkeit Die Eckpunkte der Wahl der Bundesverfassungsrichterinnen und -richter sowie der Gerichtszusammensetzung müssen dem Bereich des mit einfacher Mehrheit Regelbaren entzogen und direkt in der Verfassung verankert werden. Das lässt sich mit einer Mehrheit in Bundesrat und Bundestag umsetzen.

✳✳✳

Max Steinbeis ist freier Rechts- und Verfassungspublizist und seit 2009 Betreiber des *Verfassungsblogs*. Zusammen mit Stephan Detjen veröffentlichte er 2019 das Buch *Die Zauberlehrlinge. Der Streit um die Flüchtlingspolitik und der Mythos vom Rechtsbruch*.

SCHLUSS MIT UNWESENTLICHEM IN GESETZEN

Günter Krings

Demokratische Entscheidungen sollten nachvollziehbar sein. Eine deutlich einfachere Gesetzgebung würde dies erleichtern: Weniger Komplexität in Gesetzestexten wäre ein guter Anfang.

Das zentrale Produkt demokratischer Prozesse ist die Gesetzgebung. Sie dient als Instrument, um mit demokratischen Mehrheiten das öffentliche Leben zu gestalten. Das parlamentarisch beschlossene Gesetz bindet und beschränkt zum einen die Exekutive, und zum anderen verwirklicht es den demokratischen Mehrheitswillen.

Wer Demokratie nicht als rein rhetorischen Prozess (miss)versteht, sondern sie in ihrer gesellschaftlichen Wirkmacht (ver)stärken will, muss sich daher der demokratischen Steuerung der Gesetzgebung widmen. Grundsätzliche Fragen der Gesetzgebung und ihrer Qualität mögen sperrig daherkommen, aber die Beschäftigung mit ihnen lohnt sich, denn »Demokratie erfüllt sich wesentlich in Gestalt der Gesetzgebung«, wie es der Schweizer Jurist Kurt Eichenberger formulierte. Der demokratische Rechtsstaat ist notwendigerweise Gesetzgebungsstaat. Es ist von daher erstaunlich, dass die Qualität der Gesetze und ihre Verbesserung im Diskurs über die Zukunft unserer Demokratie allenfalls eine untergeordnete Rolle spielen.

Schlechte Gesetze schwächen die Demokratie unmittelbar, wenn sie unverständlich und nicht nachvollziehbar für die Bürger sind.

Das gilt zunächst auf einer ganz unmittelbaren Betrachtungsebene von Qualität: Denn wo das Vertrauen in die Funktionsfähigkeit der Gesetzgebung schwindet, entsteht im Zentrum der Demokratie ein Riss, der in letzter Konsequenz gar zu einem Verzicht auf Normbefolgung und einer inneren Abkehr vom Staat führt.

Eine »Flut« an Gesetzen begegnet uns in zweierlei Hinsicht. Zum einen in der schieren und stetig steigenden Anzahl des vorhandenen Normbestandes und zum anderen im Umfang der Änderungsgesetzgebung, die sich Jahr für Jahr wie gigantische Jahresringe um den üppigen Stamm der Gesetze legt. Der Bestand allein des geltenden Bundesrechts beläuft sich auf 1 738 Gesetze und 2 754 Rechtsverordnungen mit insgesamt ca. 85 000 Einzelvorschriften. Über den Zeitraum der vergangenen 40 Jahre ist die Zahl der eingebrachten Gesetzesentwürfe der Bundesregierung stetig gestiegen, während gleichzeitig die Zeit für Beratung und Prüfung der Entwürfe gesunken ist.

Und dennoch: Das wohlfeile Lamentieren über die schiere Menge der Gesetze, die wahlweise mit den Bildern der Normenflut oder der »Gesetzeslawine« zur Bedrohung erklärt wird, blendet die Funktionsbedingungen einer modernen Demokratie aus. Neue technische und soziale Phänomene, eine heterogenere Gesellschaft, gestiegene verfassungsstaatliche Anforderungen an die gesetzliche Regelungsdichte, aber auch europäischer Regulierungseifer mit nationalen Umsetzungspflichten haben die Menge der Paragrafen fast zwangsläufig anschwellen lassen. Das führt zu mehr Normen, aber nicht zwangsläufig zu ihrem Qualitätsverlust.

Wenn ein solcher Qualitätsverlust aber dennoch vielfach festgestellt wird, so muss er jenseits der Quantität greifbare Ursachen haben. Die Klagen über den Qualitätsverlust der Gesetzgebung sind Legion: Gesetze sind überkompliziert, zu detailreich, sperrig formuliert und damit unverständlich. Zudem sind einerseits die Fähigkeit und der Wille verloren gegangen, umfassende Lebensbereiche systematisch in einem einheitlichen Gesetzeswerk zusammenzufassen. Andererseits werden kleinteilige Gesetzgebungsziele im Sinne eines *legal engineerings* nicht mehr verfolgt, so dass wir einen Kulturverlust der Gesetzgebung erleben.

Ob Umweltgesetzbuch, Arbeitsvertragsgesetz oder auch nur der vergleichsweise bescheidene Versuch, das heillos zersplitterte Recht der Ersatzansprüche für Schädigungen durch den Staat bürgerfreundlich in einem Gesetz zu konzentrieren – alle diese Versuche sind in den letzten Jahren krachend gescheitert. Das ist nicht nur für Juristen bitter, denn die widerspruchsfreie und gut strukturierte Rechtsordnung stellte über lange Zeit das Markenzeichen der kontinentaleuropäischen Rechtstradition dar.

Klaus Rennert, der Präsident des Bundesverwaltungsgerichts, kritisierte im *Focus* auch die mangelnde Präzision in der Gesetzgebung: »Die Koalitionäre sind sich nicht einig und verstecken das hinter Worthülsen, denen alle zustimmen können, die aber von jedem anders verstanden werden.« Ein weiteres Problem stellt sich, wenn der Gesetzgeber den Vollzug eines Gesetzes nicht hinreichend im Blick hat und nicht praktikable Kriterien und Regeln aufstellt, die nur unter unverhältnismäßigen Aufwand umzusetzen sind. So wird es oftmals unmöglich, wesentliche Ziele des Gesetzes zu erreichen.

Die Vollzugsexpertise ist jedoch ein zentraler Grund dafür, dass die Länder an der Gesetzgebung über den Bundesrat mitwirken. Im System des deutschen Föderalismus liegt der Schwerpunkt der Gesetzgebung beim Bund und der Schwerpunkt der Verwaltung bei den Ländern und ihren Kommunen; auch die Mehrzahl der Bundesgesetze wird von den Ländern und Kommunen vollzogen. Tatsächlich nutzen die Länder ihre Mitwirkungs- und Vetomöglichkeiten im Bundesrat aber weniger dazu, die Gesetze praktikabler zu machen, indem sie den einschlägigen Sachverstand der Kommunen einbeziehen. Der Bundesrat wurde in sieben Jahrzehnten seines Bestehens vielmehr zu einer politischen Bühne, in der die Ministerpräsidenten eigene politisch-inhaltliche Schwerpunkte der Politik der Bundesregierung entgegenstellen. Als Gremium zur »Erdung« schwer vollziehbarer Gesetze fällt er seltener auf.

Symptomatisch für hausgemachte Vollzugsprobleme sind ferner zu kurze Fristen zwischen Verabschiedung und Inkrafttreten eines Gesetzes. Steueränderungsgesetze etwa werden oft erst spät im Dezember verabschiedet, treten aber bereits am 1. Januar in Kraft. Für Behörden, Anwender und Betroffene bleibt keine Zeit, sich auf Änderungen umzustellen. Eine fehlerhafte Gesetzesfolgenabschätzung, die über eine reine Kostenrechnung hinausgeht, bleibt also ebenso auf der Strecke.

Der Faktor Zeit hat schließlich noch in anderer Hinsicht Auswirkungen auf die Qualität der Gesetzgebung. Der politische Betrieb – zumindest in Berlin – braucht regelmäßig zu lange, bis sich verschiedene Ministerien und Bundestagsfraktionen auf einen Gesetzbeschluss geeinigt haben. Der Einsatz an Zeit steht dabei oft in keinem angemessenen Verhältnis zu Erkenntnisgewinnen oder einem wirklichen Arbeitsfortschritt am Gesetzesdokument. Politische, aber auch ministerielle Akteure verhaken sich an bestimmten (oft symbolträchtigen) Fragen, feilen mitunter mehr an konfrontativen Argumenten als am Gesetzestext selbst, verschieben Entscheidungen zwischen verschiedenen Hierarchieebenen oder erlauben sich längere Perioden des »Leerlaufs«, etwa wenn nur die parlamentarischen Sitzungswochen für Gespräche genutzt werden. Dieser Zeitverlust wird kompensiert, indem man Ministerien nach der politischen Einigung für Textänderungen weniger Zeit lässt. Verbände, Länder und Kommunen werden vor einer ersten Beratung im Parlament nur noch kurz gehört. Oftmals wird auch die Zeit für die eigentliche Ausschussberatung nach dieser ersten Lesung im Parlament äußerst knapp bemessen. Das formelle Gesetzgebungsverfahren und »koalitionsexterne« Akteure leiden unter einer Prokrastinationhaltung in Regierung und Mehrheitsfraktionen.

Dass unter diesen Rahmenbedingungen demokratische Debatten wieder lebhafter und nachvollziehbarer werden, sich dabei aber vor allem nicht vom komplexen Geschäft der Gesetzgebung abkoppeln, sondern in unserem Gesetzesstaat wirksamer werden, erreichen wir nicht durch die Negation, sondern durch die Reduktion der beschriebenen Komplexität. Es hilft daher nicht, die »Normenflut« zu beklagen und sich nach paragrafenärmeren Zeiten zurückzusehnen, sondern wir müssen sie besser managen.

Das bedeutet eine Reduktion von Komplexität sowohl im »Produkt« Gesetz als auch im Gesetzgebungsprozess. Sie ist auch kurzfristig möglich, wenn alle Beteiligten bereit sind, offen zu denken und ausgetretene Pfade der Gesetzgebungspraxis zu verlassen.

Der Nationale Normenkontrollrat berät die Bundesregierung seit Jahren bezüglich besserer Rechtsetzung und prüft auf ministerieller Ebene die Vorbereitung von Gesetzen und Verordnungen, wobei die politischen Ziele der Gesetze nicht bewertet werden. In einem Gutachten von vergangenem Oktober empfiehlt er, sich stärker als bisher auf die Erarbeitung allgemeinverständlicher Eckpunkte- bzw. Konzeptpapiere zu konzentrieren. Damit regt der Rat nicht weniger als eine Kulturrevolution an. Denn der ministerialinterne Prozess wird zunehmend von politischen Ressortinteressen bestimmt. Im Unterschied zu Referentenentwürfen, die in schwerlich zu verändernde Rechtstexte münden, binden Konzeptpapiere alle Stakeholder besser ein – und das eben, bevor ein fertiger Gesetzentwurf das Ministerium verlässt bzw. in die erste Lesung im Parlament eingebracht werden kann. Daran knüpft die Erwartung an, dass eine politische Konsensfindung einfacher erscheint als die unmittelbare Auseinandersetzung um ausbuchstabierte Paragrafen eines Gesetzentwurfs. In Gesetzgebungslaboren könnten nach der Vorstellung des Nationalen Normenkontrollrates Ministerien, Betroffene und Experten schnell, unmittelbar und offen über die wirksamsten, praktikabelsten und bürokratieärmsten Lösungsalternativen diskutieren und beispielsweise unter Zuhilfenahme von Design-Thinking-Methoden eine Gesetzesfolgenabschätzung ex ante bewirken.

Das gleiche Ziel, aber eine andere Methodik bringt eine reformorientierte Gruppe von Bundestagsabgeordneten der CDU/CSU-Fraktion in ihrem Buch »Neustaat« ins Spiel. Sie nimmt die Phase der parlamentarischen Beratung von Gesetzen zwischen erster und dritter Lesung im Parlament in den Blick. Der Zweck des Gesetzes soll als politischer Inhalt auch bei diesem Vorschlag getrennt vom juristischen Text behandelt werden. Nach der Debatte im Bundestag und in den Ausschüssen soll nach der zweiten Lesung zunächst kein Gesetzentwurf, sondern nur ein Zielpapier beschlossen werden. Erst danach soll ein vorwiegend juristisch besetztes Fachgremium beim Parlament daraus einen Gesetzentwurf erstellen. Dabei soll der Parlamentswille in rechtssicherer und im Einklang mit der übrigen Rechtsordnung stehender Form zum Ausdruck gebracht werden. Im Anschluss daran gelangt das Gesetz zur dritten Lesung zurück ins Parlament und wird dort in Schlussabstimmung angenommen oder zurückgewiesen. Dann soll es nicht mehr möglich sein, den Gesetzentwurf textlich zu ändern.

Daneben steht die Überlegung, den Gesetzgeber zu zwingen, die Umsetzung von Gesetzen vor ihrem Inkrafttreten stärker zu antizipieren. Sogenannte Verlaufscharts sollen aufzeigen, wie das Gesetz in der Praxis funktionieren soll und welche Aufgaben in welcher Reihenfolge eine Rolle spielen. Anders als die Gesetzgebungslabore aus dem Vorschlag des Nationalen Normenkontrollrats bezieht dieser Ansatz sogenannte Digitallabore während des Gesetzgebungsverfahrens mit ein, in denen evidenzbasiert Bedarfe festgestellt und Indikatoren zur Messung der Bedarfslösung festgelegt werden.

Als Mitschuldiger für eine ausufernde Gesetzgebung wird zudem auch das Bundesverfassungsgericht genannt. Es verlangt in seiner Rechtsprechung, dass alle Eingriffe in die von ihm breit ausgelegten Grundrechte gesetzlich zu regeln sind und alle vor allem für die Freiheitsrechte wesentliche Fragen unmittelbar in einem Parlamentsgesetz niedergelegt sind. Diese Wesentlichkeitsrechtsprechung verhindert, dass solche essenziellen Weichenstellungen erst unterhalb eines Parlamentsgesetzes in einer Rechtsverordnung oder Satzung vorgenommen werden. Das (ungeschriebene) Verfassungsgebot mag für manche zusätzliche Regelung in einem Gesetz verantwortlich sein und auch dazu geführt haben, dass manche Lebensbereiche, die früher ohne Gesetz auskamen, erstmals gesetzlich normiert wurden. Eine zentrale Ursache für die Paragrafenvermehrung liegt hierin aber nicht.

Im Gegenteil kann diese Theorie einen wichtigen Impuls auch für die Entlastung der Gesetzgebung leisten. Denn wenn alles Wesentliche im Gesetz stehen muss, dann müssen die unwesentlichen Fragen jedenfalls von Verfassungs wegen eben nicht zwingend im Gesetz stehen. Gesetze können sich auch auf das beschränken, was verfassungsrechtlich geboten ist. Im Übrigen können sie Entscheidungen der Exekutive bzw. dem Verordnungsgeber überlassen, solange sie nach Inhalt, Zweck und Ausmaß (Art. 80 Abs. 1 GG) den Korridor vorgeben, innerhalb dessen die untergesetzliche Ausgestaltung zu erfolgen hat. Ein Unwesentlichkeitsverbot kann im Gegensatz zum Wesentlichkeitsgebot keine verfassungsrechtliche Vorgabe sein, aber eben eine politische Klugheitsregel. Politiker können sie einsetzen, ohne eine Geschäftsordnung von Bundestag oder Bundesregierung oder gar das Grundgesetz zu ändern, und damit dennoch die Normenkomplexität reduzieren und die politische Steuerungskraft des Bundestags erhöhen.

Abgeordnete sind politische Entscheider. Sie werden nicht ins Parlament gewählt, um juristisch perfekte Gesetze zu formulieren, die möglichst detailreich alles Relevante abdecken. Richtig ist daher eine Trennung von politisch Wesentlichem und Unwesentlichem. Wer als Abgeordneter über alles entscheiden will, entscheidet in Wahrheit über gar nichts mehr. Weniger ist deshalb mehr: Die Konzentration auf die besonders relevanten Punkte und die Auslagerung detaillierterer Fragen in Verordnungen legen den Blick für das Wesentliche erst frei und ermöglichen am Ende nicht weniger, sondern mehr parlamentarische und damit demokratisch legitimierte Steuerung. Der Parlamentsgesetzgeber kann und soll sich auf das Regelungsprogramm konzentrieren, das nach Art. 80 GG auch aus guten Gründen nicht an die Exekutive delegiert werden darf. Eine Grenze, die im Zuge des Verzichts auf Unwesentliches jedoch streng zu wahren ist – strenger jedenfalls, als dies bei den Verordnungsermächtigungen von Bund und Ländern in der aktuellen Covid-19-Pandemie mitunter der Fall war. Und diese Regelungsprogramme sollten dann auch intensiver als bisher Gegenstand parlamentarischer Beratung und Debatte sein.

Im Übrigen gilt indes: Mit der heute häufigen, allzu liebevollen Detailtiefe des Parlamentsgesetzes werden wir nicht die nötige Renaissance kodifikatorischer Gesetzgebung schaffen. Die umfassende und in sich schlüssige Regelung ganzer Lebensbereiche und Rechtsgebiete in einem Gesetz mit vor die Klammer gezogenem allgemeinem Teil setzt geradezu ein gewisses Abstraktionsvermögen in der Gesetzgebung voraus.

Sie kann die Kluft zwischen den politischen Diskussionen und der realen Gesetzgebung schließen, die das Vertrauen in die Demokratie erschüttert. Denn die Gesetzgebungsverfahren mit überkomplexen und schwer nachvollziehbaren Entwürfen vermitteln den Wählern nicht den Eindruck, mit ihrer Stimme etwas bewegen zu können. Dies zu ändern ist nicht einfach, weil am Ende weniger Verfahrensregeln als die politische Kultur der Gesetzgebung geändert werden muss. Aber es ist möglich. Und der Anfang kann schnell gemacht werden.

***

STÄRKUNG DER DEMOKRATIE
DURCH GUTE GESETZGEBUNG

Idee Momentan werden in Gesetzen zu viele Detailfragen geregelt. Das erschwert die Arbeit der Parlamentarier und macht es für die Bürger unnötig schwer, politische Prozesse zu verfolgen. Das gesetzlich vorgeschriebene Wesentlichkeitsgebot könnte daher durch ein Unwesentlichkeitsverbot ergänzt werden.

Effekt Ein Gesetzgebungsverfahren mit besser nachvollziehbaren Gesetzentwürfen vermittelt den Wählern, dass sie mit ihrer Stimme etwas bewegen können. Dadurch entfalten demokratische Entscheidungen eine bessere Steuerungskraft. Parlamentarier können sich zudem wieder stärker auf die politischen Inhalte konzentrieren.

Umsetzbarkeit Die Regierung könnte einen Vorschlag des Normenkontrollrats aufgreifen, eines Beratungsgremiums für bessere Gesetzgebung. Danach sollte die Politik viel stärker mit allgemeinverständlichen Konzeptpapieren arbeiten statt mit detaillierten Gesetzentwürfen. Die juristische Feinarbeit sollte stärker auf die Exekutive verlagert werden. Dieser Vorschlag lässt sich kurzfristig umsetzen.

***

Prof. Dr. Günter Krings ist seit 2002 CDU-Bundestagsabgeordneter, Chef der nordrhein-westfälischen Landesgruppe seiner Fraktion und seit 2017 Parlamentarischer Staatssekretär beim Bundesminister des Innern, für Bau und Heimat. Sein Fachgebiet ist die Rechtspolitik, er ist unter anderem Chef der Deutschen Gesellschaft für Gesetzgebung.

WIE DER BUNDESTAG DURCH SPARZWANG BESSER WIRD

Anke Hassel

Das deutsche Parlament ist zu groß. Eine effektive Wahlrechtsreform sollte daher den Haushaltsposten Deutscher Bundestag einfrieren und die Praxis der Überhangs- und Ausgleichsmandate reformieren.

Der Deutsche Bundestag hat aktuell 709 Abgeordnete. Damit zählt er zu den größten Parlamenten weltweit – manche sagen, er werde nur von der chinesischen Volkskammer übertroffen. Die zunehmende Größe des Deutschen Bundestags wird zur Belastung für die Demokratie.

Ursprünglich sieht das Bundeswahlgesetz eine Anzahl von 598 Abgeordneten vor. In der vergangenen Legislaturperiode waren es bereits 631. Je mehr das deutsche Parteiensystem zerfranst (derzeit sind sieben Parteien im Bundestag vertreten), desto größer ist jedoch die Wahrscheinlichkeit von noch mehr Überhang- und Ausgleichsmandaten.

In dieser Legislaturperiode wurden die zusätzlichen Mandate durch 46 Überhangmandate und dadurch entstehende 65 Ausgleichsmandate notwendig. Überhangmandate entstehen, wenn eine Partei mehr Direktmandate erzielt, als sie nach der Sitzverteilung auf der Grundlage des Verhältniswahlrechts auf Ebene eines Bundeslandes erhalten würde. Da man dieser Partei die direkt erworbenen Mandate nicht vorenthalten will, werden Ausgleichsmandate an andere Parteien vergeben. Dieser Ausgleichsmechanismus ist im Wesentlichen Resultat der Rechtsprechung des Bundesverfassungsgerichts, das die »Erfolgsgleichheit« der Stimmen betont. Das deutsche Wahlrecht ist somit eine Mischform zwischen Mehrheits- und Verhältniswahlrecht, da es im Grunde jeder Stimme einen gleichen Anteil an der Zusammensetzung des Parlaments zusichert und gleichzeitig den Gewinnerinnen und Gewinnern der Wahlkreise ein Mandat garantiert.

So gut das theoretisch gemeint sein mag, in der Praxis bringt ein übergroßes Parlament schwerwiegende Nachteile mit sich. Zum einen wird es schlicht zu teuer. Der Bund der Steuerzahler schätzt die Zusatzkosten auf 78 Millionen Euro im Jahr. Mit den Abgeordnetenzahlen steigt einerseits der Bedarf an Personal und Räumen, andererseits ufern die Abstimmungsprozesse immer weiter aus. In Berlin-Mitte stapeln sich mittlerweile Container, mit denen man sich behilft. Wo es möglich ist, wird neu gebaut – das Regierungsviertel glänzt mittlerweile auch räumlich mit Unübersichtlichkeit. Zum anderen – und in vielerlei Hinsicht wichtiger – leidet die Reputation des Hohen Hauses, wenn die Zahl der Mitglieder sich beliebig erhöhen lässt. Die Vorwürfe, Parteien würden sich selbst bedienen, sind durchaus berechtigt. Die Mandate sind attraktiv und mit umfassenden Ressourcen ausgestattet, damit Abgeordnete ihre Tätigkeit informiert ausüben können. Wenn es keine Rolle spielt, wie viele Abgeordnete sich am politischen Prozess beteiligen, kann es mit der Qualität der Vertretung nicht so weit her sein. Mittlerweile empfinden die Abgeordneten selbst die Größe als peinlich. Kein Wunder, sie wollen nur ungern mit der chinesischen Volkskammer verglichen werden.

Daher verhandeln die Parteien bereits seit nunmehr sieben Jahren über eine Wahlrechtsreform, die die Größe des Parlaments begrenzen soll. Die Vorschläge konzentrieren sich darauf, einerseits die Direktmandate über größere Wahlkreise, andererseits den Ausgleich von Überhangmandaten zu reduzieren. Anfang Oktober 2020 schließlich verabschiedete der Deutsche Bundestag mit den Stimmen der großen Koalition endlich eine Wahlrechtsreform. Sie sieht vor, dass Überhangmandate teilweise mit Listenmandaten verrechnet werden. Wenn die Regelgröße des Parlaments von 598 Sitzen überschritten wird, sollen bis zu drei Überhangmandate nicht durch Ausgleichsmandate kompensiert werden. Die Anzahl der 299 Wahlkreise soll jedoch bestehen bleiben. Erst bei der übernächsten Wahl soll die Zahl der Direktmandate um 19 reduziert werden. Als die Koalitionsparteien ihren Vorschlag Ende August 2020 der Öffentlichkeit präsentierten, war die Empörung groß. Von »Reförmchen« zu »Armutszeugnis« reichten die Kommentare. Genützt hat der Aufschrei wenig, denn die Reform wurde dennoch beschlossen.

Das Problem ist recht eindeutig: Die CDU/CSU-Fraktion profitiert als größte Partei von den Überhangmandaten. In einem System mit Mehrheitswahlrecht wäre sie mit Abstand die größte Fraktion und hätte wahrscheinlich eine Mehrheit im Parlament. Die SPD und die kleineren Parteien drängen daher auf Ausgleich. Die Reduzierung der Direktmandate ist schwierig, da Wahlkreise neu zugeschnitten werden müssten und damit Bundestagsabgeordnete – insbesondere in Bayern – ihr Mandat verloren hätten. Zugunsten einer kurzfristigen und vor allem privaten Perspektive einzelner bayerischer Abgeordneter hat man jetzt also die Legitimität des Parlaments aufs Spiel gesetzt. In Zeiten des anwachsenden Populismus zeugt der Unwille zu einer tiefergehenden Reform von Verantwortungslosigkeit und politischem

Versagen. CDU-Fraktionsmitglied und Parlamentspräsident Wolfgang Schäuble, der zu Beginn der Legislaturperiode mehrere Anläufe zu einer Reform wagte, hat sich im Laufe der Verhandlungen immer weiter zurückgezogen. Zum Schluss hat er sich bei der Abstimmung zur Wahlrechtsreform enthalten.

Was tun? Die CSU auf die Anklagebank setzen, da sie sich der Problemlösung verweigert und damit dem Ansehen des Parlaments aus reinem Eigeninteresse einen beträchtlichen Schaden zufügt? Das würde einigen sicher gefallen. Zu einer Lösung führt es leider nicht. Sehr viel zielführender wäre es hingegen, in dieser Frage den Fraktionszwang aufzulösen.

Um die Vetoposition der CSU zu umgehen, sollte der Deutsche Bundestag ohne Fraktionszwang eine Abstimmung über die Zukunft des Wahlrechts herbeiführen. In dieser Abstimmung sollte er entscheiden, dass für den 20. Deutschen Bundestag nur ein inflationsangepasster Budgetposten für die Kosten des Deutschen Bundestags zur Verfügung gestellt wird. Wie sich Odysseus an den Mast band und die Ohren mit Wachs zustopfte, um den Versuchungen der Sirenen zu widerstehen, sollten sich die Abgeordneten selbst binden, indem sie die Kosten eines wachsenden Bundestags selbst tragen müssen. Damit erhöhen sie den Reformdruck auf die Spitzen der Fraktionen. Eine Budgetobergrenze würde zudem automatisch die Abgeordnetenbezüge und Kostenpauschalen um den Anteil der zusätzlichen Abgeordneten kürzen. Wenn Wahlkreise aufgrund von Überhang- und Ausgleichsmandaten doppelt vertreten sind, können Wahlkreisbüros kleiner ausfallen oder Stellen von Mitarbeitenden wegfallen. Dabei würden zwar auch die Oppositionsparteien bestraft, die für den Stillstand nicht verantwortlich sind. Allerdings profitieren auch sie von der stets steigenden Zahl von Abgeordneten.

Ein Kostendruck würde auch andere Aspekte des Abgeordnetenlebens auf den Prüfstand stellen und könnte die Diskussion über radikale Konzepte der Modernisierung des Deutschen Bundestags befördern. Die bereits beschlossene Parlamentskommission zur Reform des Wahlrechts sollte auch zur Debatte solcher Konzepte Stellung beziehen und sich damit auseinandersetzen, wie das Parlament mit begrenzten Ressourcen erneuert werden kann.

Die Kommission könnte zum Beispiel überlegen, ob man die Überhang- und Ausgleichsmandate nicht als Teilzeitmandate ausstatten könnte. Derzeit wird ein Abgeordnetenmandat im Deutschen Bundestag nur als Vollzeitstelle gedacht. Es gibt derzeit noch nicht einmal eine Elternzeitregel für Abgeordnete. Eltern mit kleinen Kindern haben daher große Vereinbarkeitsprobleme mit einer Abgeordnetentätigkeit. Während sich in der Gesellschaft Teilzeitbeschäftigung hoher Beliebtheit erfreut, leistet sich der Deutsche Bundestag noch immer Nachtschichten und unzumutbare Arbeitszeiten. Warum können Abgeordnete eines Bundeslandes sich nicht ein Mandat insofern teilen, als dass sie zwar ihre Stimmen behalten, jedoch von bestimmten Anwesenheitspflichten und Ausschusstätigkeiten befreit werden? Die Kostenpauschalen, die derzeit bei den Abgeordneten selbst anfallen, könnten in den Fraktionen gepoolt werden und die Effizienz der Unterstützung professionalisiert werden.

Ein Teilzeitmandat wäre überdies attraktiv für die Repräsentanz gesellschaftlicher Gruppen. Früher gab es eine starke Vertretung von Gewerkschaften, Wohlfahrtsverbänden oder anderen Lobbygruppen im Parlament. Heute ist diese Verschränkung kaum noch zu finden, weil sich niemand mehr diese Doppelbelastung antun möchte. Der Verlust von Repräsentanz gesellschaftlicher (und wirtschaftlicher) Gruppen verlagert die Lobbytätigkeit nur in den außer- oder vorparlamentarischen Raum. Man könnte sich überlegen, ob die CDU den Hauptgeschäftsführer der Bundesvereinigung der Deutschen Arbeitgeberverbände (BDA) wieder als Mitglied ihrer Fraktion auf einem Teilzeitmandat begrüßen möchte oder die SPD den Vorsitzenden des Deutschen Gewerkschaftsbunds oder die Grünen den Geschäftsführer von Greenpeace. Eine Verschränkung des Parlaments mit gesellschaftlichen Gruppen und Organisationen ist kein Schritt in den Ständestaat, sondern ein Beitrag zur politischen und gesellschaftlichen Integration.

Ein weiterer Modernisierungsschritt hat sich gerade aufgrund der Corona-Pandemie bewiesen: die Arbeit im Homeoffice. Selbstverständlich könnte auch ein Teil der Abgeordnetenarbeit ohne physische Anwesenheit in Berlin getätigt werden. Den Bundestag wiederum könnte man vermehrt virtuell und hybrid tagen lassen. Damit lassen sich Büroräume und Reisekosten reduzieren. Wenn alle anderen hochqualifizierten Berufe mit einem hohen Büroanteil tendenziell ins virtuelle Büro übersiedeln, gibt es keinen ernst zu nehmenden Grund, den Deutschen Bundestag davon auszunehmen.

Der wichtigste Effekt einer Kostendeckelung, auch auf symbolischer Ebene, wäre jedoch, dass sie die Abgeordneten unter Druck setzt, an der Verkleinerung des Parlaments aktiv mitzuarbeiten. Der sich verstetigende Selbstbedienungsladen Berlin-Mitte würde geschlossen – für die Zukunft unserer Demokratie wäre dies von hoher Bedeutung.

***

VERKLEINERUNG DES DEUTSCHEN BUNDESTAGS DURCH EINE ECHTE WAHLRECHTSREFORM

Idee Wenn sich die Abgeordneten des deutschen Parlaments nicht zu einer effektiven Reform des Wahlrechts durchringen können, muss über die Finanzen Druck gemacht werden: Der Haushaltsposten »Deutscher Bundestag« muss eingefroren werden.

Effekt Der stetigen Vergrößerung des Parlaments aufgrund von Überhang- und Ausgleichsmandaten wird über einen gedeckelten Finanzrahmen ein Ende gesetzt. Im Zuge eines höheren Kostendrucks würden sich weitere Modernisierungsprozesse anschließen: Der Bundestag könnte öfter digital tagen, Abgeordnete würden selbstverständlich vom Homeoffice aus arbeiten oder sich Mandate teilen.

Umsetzung Der Fraktionszwang für eine derartige Wahlrechtsreform muss aufgelöst werden. Auf diesem Weg können einzelne Fraktionen die Reform nicht mehr blockieren.

***

Anke Hassel ist ist Soziologin und Professorin für Public Policy an der Hertie School. In den Jahren 2003 und 2004 arbeitete sie im Planungsstab des Bundesministeriums für Wirtschaft und Arbeit. Von 2016 bis 2019 leitete sie das Wirtschafts- und Sozialwissenschaftliche Institut der Hans-Böckler-Stiftung. Seit 2018 ist sie Mitglied im Hightech-Forum der Bundesregierung.

GRUNDSÄTZE DER DEMOKRATIE BREIT VERANKERN

WAHRE VIELFALT BEGINNT IM FERNSEHEN

Nico Hofmann und Thomas Laue

Die Geschichten in Film und Fernsehen spiegeln nur eine Teilwirklichkeit. Wenn sie bunter und vielfältiger erzählt werden, ändert sich auch die Selbstwahrnehmung unserer Gesellschaft – und mit ihr die Einstellung zu demokratischen Grundwerten.

Die größten Versprechen der Demokratie sind Freiheit und Gleichheit. Auch das Grundgesetz der Bundesrepublik Deutschland beginnt mit dem programmatischen Postulat dieser Prinzipien: In nicht weniger als 19 Paragrafen wird hier ein Menschenbild beschrieben, das diese Werte als Basis unserer demokratischen Gesellschaft unverhandelbar festschreibt.

Gleichheit negiert dabei beileibe keine Unterschiede. Im Gegenteil, die Verschiedenheit der Menschen, die unter demokratischen Regeln zusammenleben, wird ausdrücklich betont und anerkannt. Vielfalt ist weder Manko noch Kollateralschaden von Demokratie, sondern eines ihrer Wesensmerkmale. Mehr noch: Sie ist Grundvoraussetzung für jeden demokratischen Diskurs, für das Suchen nach Argumenten, Meinungen, gemeinsamen Wegen, Kompromissen. Die demokratische Gleichheit, die Menschen in ihrer Unterschiedlichkeit zusammenführt und verbindet, meint Gleichheit vor dem Gesetz, gleiche Rechte in allen Belangen, gleichen Zugang zu allen Bereichen des Gemeinwesens und sich daraus ergebend: gleiche Wertschätzung. »Niemand darf aufgrund seines Geschlechts, seiner Heimat und Herkunft, seines Glaubens, seiner religiösen oder politischen Anschauungen benachteiligt oder bevorzugt werden.«

Es ist hilfreich, mal wieder einen Blick in diese Verfassung zu werfen. Denn auch gut 70 Jahre nach Inkrafttreten des Grundgesetzes ist es mit der Anerkennung von Diversität in unserer Gesellschaft nicht überall zum Besten bestellt. Stattdessen erstarken alleorten rechte und nationalistische Bewegungen, die statt auf Vielfalt und gesellschaftliche Inklusion auf Segregation setzen. Nicht das Bekenntnis zu Diversität und zur gesellschaftlichen Teilhabe aller sind das Geschäft dieser Populisten, sondern Ausgrenzung und Diskriminierung. Wohl nichts bedroht das demokratische Prinzip gerade so sehr wie diese Form gesellschaftlicher Spaltung.

Es gilt daher, sich diesen antidemokratischen Strömungen mit aller Kraft entgegenzustellen. Nicht nur mit dem Grundgesetz in der Hand, sondern mit allen Mitteln, die dem Staat zur Verfügung stehen, dem wir uns anvertraut haben. Und, so muss man hinzufügen: mit der Verantwortung jedes Einzelnen von uns. Denn – auch das ist ein besonderes Merkmal demokratischer Grundordnung – dieser Staat sind ja vor allem auch wir selbst. Wir alle gemeinsam bestimmen über die Verfasstheit unserer Gesellschaft und darüber, wie wir miteinander leben wollen. Demokratie ist nicht nur eine Staats-, sondern auch eine Lebensform.

Schielen wir also bei der Frage, was getan werden muss, um die Abwehrkräfte der Demokratie zu stärken und zugleich diese Gesellschaft gerechter zu machen, nicht auf den Staat. Blicken wir stattdessen auf uns selbst und auf das Umfeld, in dem wir uns bewegen. Und tun wir das einmal unter dem Gesichtspunkt von Vielfalt und Gleichheit als demokratischer Grundvoraussetzung. Im Fall der Autoren dieses Textes ist dieses Umfeld die Fernseh- und Medienbranche.

Unser Beruf ist die Unterhaltung und das Erzählen von Geschichten in Bewegtbildern. Die UFA als größte Produktionsgesellschaft für Fernseh- und Filmformate im deutschen TV-Markt ist Teil einer Branche, die jedes Jahr Tausende Stunden Fernsehprogramm herstellt: zahllose Filme, Serien, Dokumentationen, Quizsendungen und Unterhaltungsshows, die Tag für Tag, rund um die Uhr, direkt in deutsche Wohnzimmer gesendet oder über Streamingplattformen und Mediatheken abgerufen werden.

Dieser Fülle an Bildern und Geschichten kommt innerhalb unserer Gesellschaft ein großer Einfluss zu, wenn es um die Frage geht, wie eine Gesellschaft sich selbst wahrnimmt und welches Bild von sich sie weiterträgt. Die Programme der deutschen Medienlandschaft erzählen Geschichten, die sich auf diese Gesellschaft beziehen, spiegeln dabei vermeintliche Lebensrealitäten, setzen Themen, kreieren Fernsehcharaktere und deren Konflikte, entwerfen Beziehungsgeflechte oder bilden Milieus ab, die dann im Alltag auf den Bildschirmen allgegenwärtig werden. Dabei entstehen zwangsläufig mediale Narrative und Rollenbilder, im ungünstigen Falle auch Rollenklischees und Stereotype, die sich – bewusst oder unbewusst – in der Gesellschaft manifestieren.

Uns Fernsehmachern kommt also bei der Frage, was wir mit unseren Geschichten und Formaten erzählen und wie wir es erzählen, eine nicht unerhebliche Verantwortung zu. Schauen wir auf das Gesamtbild der deutschen Fernsehlandschaft, wird deutlich, dass sich im Gros der gesendeten Programme Diversität längst nicht so abbildet, wie wir sie in unserer Gesellschaft vorfinden.

Natürlich gilt das nicht für alle Programme, aber in einer Gesamtbestandsaufnahme ist eine Tendenz klar erkennbar. So hat eine von der Schauspielerin Maria Furtwängler und der von ihr gegründeten Malisa-Stiftung initiierte Studie über Geschlechterdarstellungen in Film und Fernsehen in Deutschland 2017 eindrücklich aufgezeigt, dass die überwiegende Zahl der Protagonisten in deutschen Fernsehproduktionen Männer sind. Über alle Fernsehprogramme hinweg kommen demnach auf eine Frau zwei Männer. Ein Drittel kommt sogar ganz ohne weibliche Protagonistinnen aus. Zum Vergleich: In nur 15 Prozent der Programme fehlen männliche Protagonisten.

Das Missverhältnis, das hier vom Institut für Medienforschung der Universität Rostock in Bezug auf Gendergerechtigkeit und Gendergleichheit untersucht wurde, lässt sich ähnlich auch in anderen Bereichen beobachten: Gut 25 Prozent aller Deutschen haben eine Migrationsgeschichte. Sichtbar wird das im deutschen Fernsehprogramm aber bei weitem nicht. Dabei geht es nicht nur um die Quantität, also die Anzahl von Charakteren, die einen erkennbaren migrantischen Hintergrund haben, sondern auch um die Frage der Darstellung und wie diese Menschen im Fernsehen repräsentiert werden. Meist sind es keine protagonistischen Charaktere oder positive Heldengeschichten, sondern Rollen mit Negativklischees und Stereotypen. Das deutsche Fernsehen erzählt Migrationsgeschichte und ethnische Diversität in vielen Fällen nicht als gesellschaftliche Norm, sondern als Zuschreibung des »Anderen«, des Fremden oder Exotischen.

So beschreibt es auch der Schauspieler, Autor und Produzent Tyron Ricketts, selbst Person of Color: In seiner 25-Jährigen Karriere seien lediglich fünf von insgesamt 65 Rollen, die er in Film und Fernsehen gespielt hat, frei von solchen negativen Stereotypen gewesen. Ricketts entwickelt mittlerweile mit seiner eigenen Produktionsfirma Panthertainment gezielt Programme, die den Fokus auf Diversität und die Repräsentation von People of Color (PoC) richten. Seit letztem Jahr arbeitet er dabei eng mit der UFA zusammen.

Diese Bestandsaufnahme ließe sich weiter fortsetzen, zum Beispiel, wenn es um die Darstellung von Menschen mit körperlicher Beeinträchtigung geht oder um den Umgang mit Sexualität und verschiedenen partnerschaftlichen Lebensformen. Das Ergebnis ist immer gleich: Die deutsche Medienlandschaft ist in ihrer Gesamtheit viel weniger von Vielfalt geprägt, als es uns Fernsehproduzenten lange bewusst war und als es wünschenswert sein kann.

Es braucht mehr Diversität im Fernsehen und dafür vor allem eine Erweiterung der Perspektive derer, die diese Programme herstellen oder in Auftrag geben. Denn wie und was vor der Kamera erzählt wird, prägen jene, die es erzählen – also Produktionsfirmen und Redaktionen der Sender. Wir alle, Produzentinnen und Produzenten, Autorinnen und Autoren, Regisseurinnen und Regisseure, neigen naturgemäß dazu, Geschichten aus unserem Erfahrungs- und Wahrnehmungshorizont heraus zu erzählen. Die Zusammensetzung der Teams hinter der Kamera hat, ob wir wollen oder nicht, immer eine unmittelbare Auswirkung auf Inhalt und Darstellungsweise unserer Programme. Und diese Zusammensetzung ist in Deutschland nach wie vor zum größten Teil weiß und männlich. Dementsprechend überwiegt diese Perspektive, mit der Folge, dass andere Gruppen oft entweder gar nicht oder zu wenig vorkommen oder – meist ohne konkrete Absicht, aber eben doch – immer wieder marginalisiert werden.

Dies kurzfristig zu ändern ist nicht ganz einfach, aber es ist möglich, auch wenn die Abläufe beim Entwickeln eines Programms oft lang sind. Nicht selten vergehen von der ersten Idee zu einem Film bis zu dessen Ausstrahlung Jahre. Vor allem aber ist es notwendig, diesem Mangel an Diversität aktiv zu begegnen.

Denn eine andere Repräsentation von Vielfalt im Fernsehen hat unmittelbare Auswirkungen auch auf die Verfasstheit unserer Gesellschaft und damit auf die Stärke unserer Demokratie.

Dass es möglich ist, auch kurzfristig etwas zu verändern, erleben wir in unserer eigenen Arbeit bei der UFA. Bei der Entwicklung unserer Programme werfen wir spätestens seit der Malisa-Studie einen neuen, kritischen Blick auf unsere eigene Arbeit und unsere eingefahrene Position und Perspektive. So haben wir gemeinsam eine »Charta« zur audiovisuellen Diversität entwickelt, die wir unseren aktuellen Stoffentwicklungen als eine Art Selbstbefragung zugrunde legen: Warum erzählen wir eine Geschichte genau so und nicht anders? Wessen Geschichten erzählen wir eigentlich? Wer sind die handelnden Charaktere unserer Formate? Welche Rollen haben eine komplexe Biografie? Welche Stereotype transportieren wir dabei mit – oft auch, ohne sie selbst automatisch als solche wahrzunehmen? Wie können wir uns solcher Stereotype schneller bewusst werden oder sie von vorneherein vermeiden? Solche und andere Fragen gehören längst zum Alltag bei der Entwicklung unserer Stoffe und Formate.

Dazu gehören aber auch Überlegungen bei der Besetzung. Denn schon die Entscheidung, wie man Figuren besetzt, bei denen es inhaltlich keine Rolle spielt, welches Geschlecht oder welchen Hintergrund sie haben, kann das Gesicht eines Filmes fundamental verändern. Und mehr noch: Immer wieder stellen wir beim Besetzen die Frage: Wie würde sich unser Film verändern, wenn wir uns bei unserer Hauptfigur beispielsweise für ein anderes Geschlecht, eine andere Herkunft oder einen anderen ethnischen Hintergrund entscheiden würden? Oder wenn wir ethnischen Hintergründen gar keine Bedeutung zusprechen, also »colorblind« besetzen und so Diversität von vorneherein als gesellschaftliche Norm betrachten?

Allein dieses Bewusstmachen hat unsere Projekte in kürzester Zeit erkennbar verändert – bis hin zur Zusammensetzung der Teams und Kreativen hinter der Kamera. Denn wenn wir bunter und vielfältiger erzählen wollen, braucht es eben auch mehr Diversität und eine andere künstlerische Perspektive bei Autorinnen und Autoren, auf Seiten der Regie und im gesamten Produktionsprozess. Zusätzlich zur vielfältiger werdenden Expertise im eigenen Haus schließen wir auch neue Partnerschaften wie mit Panthertainment und anderen externen Kreativen und Produzenten. Zudem kooperieren wir eng mit den Filmhochschulen wie der Filmakademie in Ludwigsburg.

Die Auswirkungen auf unser Programm sind bereits spürbar: Gerade drehen wir eine queere Serie für die ARD und entwickeln einen großen Kinofilm, in dessen Zentrum eine Transgender-Liebesgeschichte steht. Andere Formate rücken dezidiert den Erlebnishorizont migrantisch geprägter Menschen in den Vordergrund.

Nicht alle diese Projekte sind gleichermaßen gut am Markt unterzubringen. Denn auch bei einigen Sendern, die unsere Partner und potenzielle Abnehmer sind, haben sich die über Jahre erlernten Narrative und Erwartungen verfestigt, auch hier braucht es Veränderung hin zu mehr Diversität.

Wir sind also noch längst nicht am Ziel dessen, was wir uns vorgenommen haben, aber wir sind fest entschlossen, diesen Weg konsequent weiterzugehen. Gerade hat die UFA eine Selbstverpflichtung verabschiedet, in der wir uns das Ziel setzen, bis Ende 2024 im Gesamtportfolio der Programme der UFA innerhalb eines Jahres die Diversität unserer Gesellschaft konkret abzubilden. Als Orientierung dient uns hierfür der Zensus der Bundesregierung.

Diese Erfahrungen betreffen die Medienbranche, die sich, wie auch die Theater und andere künstlerische Arbeitsfelder, massiv im Umbruch befindet. Sie lassen sich aber dem Sinn nach auch auf viele andere Bereiche der Wirtschaft und Gesellschaft übertragen. Es lohnt sich für nahezu jedes Unternehmen, einmal den Abgleich zu machen: Wie sieht eigentlich die Zusammensetzung der Belegschaft bei mir im Haus aus, wenn ich sie mit der Realität unserer Gesellschaft vergleiche? Ist das Ergebnis wirklich so vielfältig, wie es sein sollte?

Auch in der relativ kurzen Zeitspanne von einem Jahr lässt sich vieles verändern: im eigenen Bewusstsein, in konkreten Maßnahmen, in der Teamaufstellung und in der Führung eines Unternehmens.

Wo wir noch nicht begonnen haben, unsere Haltung zu verändern, sollten wir das spätestens jetzt tun. Und nicht eher damit aufhören, bis wir eine Gesellschaft geschaffen haben, in der Diversität nicht nur ein Lippenbekenntnis ist, sondern wirklich gelebt wird; in der Vielfalt wahrgenommen wird, aber kein Unterscheidungsmerkmal mehr ist, sondern Selbstverständlichkeit. Und, um ein Bild des Politologen Aladin El-Mafaalani aufzunehmen: Erst wenn wir die, die wir derzeit noch so oft und so selbstverständlich marginalisieren, nicht mehr nur an den Tisch bitten, den wir bereits gedeckt haben, sondern wenn wir diesen Tisch mit der gleichen Selbstverständlichkeit auch gemeinsam bauen, haben wir erreicht, dass Diversität zur Norm geworden ist. Erst dann ist das Versprechen auf Gleichheit wirklich erfüllt. Und dann werden wir sehen, wie wenig Platz an diesem Tisch mit einem Mal für all die Demagogen und gesellschaftsspaltenden Populisten geblieben ist. Und wie stabil unsere Demokratie dadurch geworden ist.

***

VIELFÄLTIGE ROLLENBILDER
IN KINO UND FERNSEHEN

Idee Vielfalt und Gleichheit sind Wesensmerkmale von Demokratie. Diese Vielfalt muss die Film- und Fernsehbranche auch in ihren Produktionen zeigen, anstatt wie bisher üblich gesellschaftliche Gruppen zu marginalisieren.

Effekt Bilder und Geschichten haben einen großen Einfluss auf die Selbstwahrnehmung unserer Gesellschaft. Wenn wir diese in Erzählungen als bunt, divers und gleichberechtigt schildern, ändert sich auch die reale Haltung gegenüber marginalisierten gesellschaftlichen Gruppen.

Umsetzbarkeit Sender und Produktionsfirmen müssen in diverseren Teams arbeiten. Dadurch erweitert sich automatisch die Perspektive auf Lebensrealitäten in unserer Gesellschaft. Die UFA unterstützt diesen Prozess mit einer Selbstverpflichtung: Die Diversität unserer Gesellschaft soll im Programm eines Produktionsjahrs dem Mikrozensus entsprechend repräsentiert sein.

*** *** ***

Nico Hofmann ist mehrfach ausgezeichneter Regisseur, Filmproduzent und Drehbuchautor sowie Geschäftsführer der UFA Film- und Fernsehproduktionsgesellschaft. 2018 veröffentlichte er das Buch *Mehr Haltung, bitte! Wozu uns unsere Geschichte verpflichtet*.

Thomas Laue ist seit 2017 Chefdramaturg der UFA. Zuvor war er Chefdramaturg an verschiedenen Theaterhäusern, u. a. am Schauspiel Köln und am Schauspielhaus Bochum.

Hofmann und Laue haben zudem bis 2025 ein Engagement bei den Nibelungenfestspielen in Worms, Hofmann als Intendant und Laue als künstlerischer Leiter.

IM POLIZEIEINSATZ GEGEN EXTREMISMUS

Ahmad Mansour

Eine Demokratie braucht klare Regeln – und eine moderne Polizei,
die für ihre Einhaltung sorgt und Gefährdete schützt. Um gegen
Antisemitismus und Rassismus wirkungsvoll vorzugehen,
sollten die Beamten über moderne Verfahren rekrutiert
und im Umgang mit Betroffenen besser geschult werden.

Seit zehn Jahren arbeite ich mit der Polizeiakademie Berlin
zusammen. Ich schule regelmäßig Beamte in der Ausbildung
zum Thema interkulturelle Kompetenz und zum Umgang
mit Antisemitismus, Rassismus sowie religiösem Extremismus. Ziel ist es, dass sie etwa im Fall von extremistischen
Übergriffen kenntnisreich und empathisch arbeiten können.

In dieser Zeit habe ich die Stärken und Schwächen dieser Einrichtung sehr gut kennengelernt. Insbesondere bei
der Vermittlung von interkultureller Kompetenz kamen in-
tensive Gespräche zustande, in denen die Schülerinnen und
Schüler von ihren Erfahrungen, von ihrem Wissen und Unwissen, von ihren Praxiserfahrungen, Konflikten und Herausforderungen beim Umgang mit Menschen und bestimmten Themen berichteten. Eins dieser Themen war
und ist Antisemitismus.

Dieses Problem ist in den letzten Jahren nicht kleiner geworden. Im Gegenteil: Im Jahr 2019 hat es in Deutschland
täglich fünf antisemitische Angriffe gegeben, wie aus dem

Jahresbericht der politisch motivierten Kriminalität hervorgeht. So versuchte in Halle ein schwer bewaffneter Rechtsextremist am Jom Kippur, dem höchsten jüdischen Feiertag, in eine Synagoge einzudringen und dort ein Attentat zu verüben. Nachdem er gescheitert war, erschoss er wahllos Passanten auf der Straße. Im Jahr davor hatte die sogenannte Gürtelattacke für Aufsehen erregt: Dort war ein junger Israeli, der eine Kippa trug, auf offener Straße in Berlin mit einer Gürtelschnalle verprügelt worden. 2020 wurde ein jüdischer Student vor der Hamburger Synagoge angegriffen und schwer verletzt. Auch er hatte eine Kippa getragen.

Die Dunkelziffer an Übergriffen ist indes noch viel höher. Denn viele Betroffene melden Vorfälle gar nicht erst. Manche Attacken wiederum werden aufgrund ihres äußerst subtilen Charakters fälschlicherweise nicht als antisemitisch eingestuft. Die Diskrepanz zeigt sich zum Beispiel anhand der Zahlen der RIAS-Meldestelle, an die sich Menschen nach antisemitischen Attacken wenden können. Diese decken sich längst nicht mit den Zahlen der Polizei. Doch wenn sich Betroffene nicht trauen, mit ihren Vorfällen zur Polizei zu gehen, wird es umso schwieriger, den Antisemitismus in der Gesellschaft als tatsächliche Bedrohung wahrzunehmen und gegen ihn anzukämpfen.

Fakt ist: Antisemitismus zieht sich quer durch die gesamte Gesellschaft. Es ist der älteste bekannte Hass und gerade wegen seiner langen Historie hochaktuell. Er bedroht zunehmend die rund 200 000 Juden in ganz Deutschland. Mit einem bloßen Ausruf »nie wieder« in Politik und Gesellschaft ist es nicht getan. Es bedarf einer aktiven Erinnerungskultur in Deutschland, die aus der leeren Worthülse konkrete Taten werden lässt und die jüdische Gemeinde in Deutschland mit aller Macht schützt.

Zahlreiche Theorien, Vermutungen und Analysen finden allesamt keine eindeutige Antwort auf die Frage, warum Antisemitismus entstanden ist und sich so lange gehalten hat. Schaut man auf seine lange Geschichte, sieht man deutlich, dass es für die Ablehnung und den Hass keinen Anlass braucht. Nichts, was ein Jude macht, wird sie mildern. Wo soll die Schuld der jüdischen Opfer gelegen haben in dem koscheren Supermarkt in Paris, dem jüdischen Museum in Brüssel, der Synagoge in Kopenhagen oder in Toulouse, Malmö, Göteborg, Berlin? Überall wurden Menschen verletzt oder getötet. Begleitet wurden die Vorfälle von einem steigenden Gefühl der Unsicherheit und einem Gefühl der Hoffnungslosigkeit: schon wieder.

Was verbindet diese so unterschiedlichen Menschen, die an so unterschiedlichen Orten Opfer wurden, als allein die Tatsache, dass sie in den Augen der Täter als Juden wahrgenommen worden waren? Hat der Täter, der im Oktober 2019 einen Anschlag auf die Synagoge von Halle verübte, sich mit dem Judentum auseinandergesetzt, es studiert, mit Juden Gespräche geführt und sich dann letztendlich für den Anschlag entschieden? Nein. Als ihm im Juli 2020 der Prozess gemacht wurde, sagte er, es mache die Juden so gefährlich, dass man sie nur schlecht von Weißen unterscheiden könne. Er bezeichnete sie pauschal als Feinde und war sich sicher, die Flüchtlingskrise 2015 sei von ihnen gesteuert gewesen.

Antisemitismus ist die Pathologie der Antisemiten. Und zwar ausschließlich. Genauso wie Rassismus die Pathologie der Rassisten ist. Trotzdem wäre es falsch und verhindert eine ernsthafte Reflexion über Antisemitismus, diese beiden menschenverachtenden Phänomene gleichzusetzen. Warum? Weil es unter denjenigen, die Rassismus bekämpfen wollen, auch Antisemiten gibt. Islamisten, muslimische

Nationalisten oder Linksextremisten setzen sich nicht mit ihrem eigenen Antisemitismus auseinander oder deklarieren ihn als Israelkritik. Auch die Tatsache, dass migrantische Gruppierungen häufig Opfer von Rassismus, gleichzeitig aber auch Verbreiter von Antisemitismus sind, kann zu der Auffassung führen, die Auseinandersetzung mit der eigenen Haltung zu Juden oder Israel (aber auch mit eigenen Diskriminierungsmustern ganz allgemein) sei nicht notwendig: Wenn ich Opfer bin, kann ich nicht gleichzeitig Täter sein. Gleichzeitig sind Aussagen wie »Gestern Juden, heute Muslime«, wie sie häufig zu hören sind, eine Verharmlosung des Holocaust. Es gibt keine systematische Verfolgung von Muslimen durch staatliche Institutionen. Es gibt keinen Plan zur Vernichtung der Muslime.

Diese Unterschiede müssen klar benannt werden. Es ist die Aufgabe von Politik, Zivilgesellschaft und den Schulen, über Rassismus, Hass und Antisemitismus aufzuklären und dagegen anzukämpfen. Auf dem Erfolg dieser drei Säulen basiert, wie unser Zusammenleben in Zukunft gestaltet wird. Vor allem die Schulen spielen dabei eine große Rolle: Hier wird die nächste Generation mündiger, wahlberechtiger Bürger herangezogen. Deshalb ist es umso wichtiger, in den Klassenräumen demokratische Werte, Offenheit, Empathie und Toleranz zu vermitteln und für Begegnung durch Inklusion zu sorgen. Vorurteile werden dann abgebaut, wenn die Angst vor dem abstrakten Unbekannten weichen kann und durch einen ehrlichen, positiven Eindruck ersetzt wird. Genau deshalb müssen Schulen Orte der Begegnungsstätten sein. Nur so werden aus den Kindern später verantwortungsvolle Erwachsene, die sich gegen Hass, Rassismus und Antisemitismus und für eine offene, friedliche Gesellschaft einsetzen. In letzter Instanz sind in diesem Kampf auch die Polizei und das Rechtswesen gefragt. Denn gerade dieser Staatsapparat ist vor allem für die gefühlte und die tatsächliche Sicherheit verantwortlich.

Im Zuge der Proteste des Gaza-Konflikts von 2014 wurden Parolen wie »Jude, Jude, feiges Schwein – komm heraus und kämpf allein« gerufen. Die Polizei stand daneben und tat: nichts. Auch wurde am helllichten Tage vor dem Brandenburger Tor in Berlin eine Davidsternflagge verbrannt. Wieder gab es keine Konsequenzen. Dabei muss in einer Gesellschaft, in der Extremisten aktiv versuchen, das demokratische Fundament zu zerstören, der Rechtsstaat stark und kompetent auftreten. Er muss entschieden agieren, mit Repression und Prävention. Bleibt das harte Durchgreifen aus, stärkt dies nicht nur die Extremisten. Es ist auch fatal für die Betroffenen. In der Konsequenz verlieren die Opfer das Vertrauen in den Rechtsstaat, sie haben das Gefühl, macht- und schutzlos zu sein, sich nicht gegen die Angriffe wehren zu können. Handelt die Polizei oft unzureichend, kann es kaum mehr ein vertrauensvolles Zusammenkommen von Betroffenen und Beamten geben.

Seitens der Polizei herrscht häufig jedoch kein Unwillen zu handeln, vielmehr sind Beamte oftmals unsicher, wie sie mit dem sensiblen Thema umgehen sollen. Deshalb ist Aufklärung so wichtig. Sie müssen während ihrer alltäglichen Arbeit auf Demonstrationen, in Bahnhöfen, auf der Straße, aber auch in sozialen Medien in der Lage sein, Judenhass und antisemitische Symbole zu erkennen. Antisemitismus ist herkunftsübergreifend und hat verschiedene Ausprägungen. Das Spektrum reicht von rechtsextremem Antisemitismus über israelbezogenen Hass im linksextremen Milieu und unter Migranten bis hin zu einem latenten Antisemitismus, der in der Mitte der Gesellschaft verortet ist. Dazu kommen der muslimische Antisemitismus, der vor allem in Verbindung mit dem Nahost-Konflikt steht und für viele Muslime ein Grund ist, dem Staat Israel sein Existenzrecht abzusprechen, sowie der Judenhass, der in den Verschwörungstheorien verankert ist und von einer homogenen Masse geteilt wird. Dieser tritt aktuell während der Corona-Krise besonders zutage.

In Zeiten allgemeiner Unsicherheit ist das Zurückgreifen auf bekannte Klischees und verschwörungstheoretisches Denken eine naheliegende Lösung. Der Antisemitismus bietet sich an als Strategie gegen ein Problem, dem kein Schuldiger zugewiesen werden kann. Das ist ein uraltes Phänomen. Auf Al-Quds-Demonstrationen oder auch auf den aktuellen Hygiene-Demos in Berlin wird per Andeutung, Chriffren oder Codes dieser Judenhass transportiert. Er versteckt sich hinter Ausdruck, Sprache und dem jeweiligen Kontext. Diese Zeichen zu erkennen, einzuordnen und entsprechend zu handeln stellt gerade Polizisten vor große Herausforderungen. Eine spezifische Fortbildung für Beamte im Polizeidienst ist daher unabdingbar, um das Leben jüdischer Mitbürger wirksam zu schützen.

Ein weiterer Aspekt im Kampf gegen Rassismus und Antisemitismus setzt noch früher an: beim Recruiting von Polizisten. Es wäre sinnvoll, dass die Polizei ein moderneres Recruiting-Verfahren anwendet, um die Gefahr von Extremisten in den eigenen Reihen zu verringern. Rassisten, Islamisten und andere Extremisten dürfen bei der Polizei keinen Platz haben. Das Gewaltmonopol verpflichtet umso mehr, die demokratischen Werte zu vertreten. Werden sie das nicht, schafft dieser Umstand Misstrauen in der Bevölkerung, das wiederum von bestimmten Gruppen ausgenutzt werden kann, um den Rechtsstaat zu schwächen. Ein

Teufelskreis. Deshalb sollten Kontrollstrukturen eingeführt werden, um frühzeitig zu erkennen, wessen Gesinnung im Widerspruch zum Polizeidienst steht und wer dementsprechend nicht als Beamter verpflichtet werden darf.

Dies setzt aber andere Auswahlverfahren als bisher voraus. Es reicht nicht, mit verschiedenen Tests die sportliche Ausdauer oder die Schreibfähigkeiten zu prüfen. Es reicht nicht, die charakterlichen Anforderungen mit Verantwortungsbewusstsein und Kommunikationsstärke zu definieren. Die politische Gesinnung sollte eine Anforderung an Polizeianwärter sein. Um sie zu prüfen, sollte ein Persönlichkeitstest durchgeführt werden. Mit dessen Hilfe können die Einstellungen der Bewerber zu Themen wie Gewalt, Demokratie, Toleranz, Teamarbeit und anderen kontroversen Themen transparent gemacht werden. In Großunternehmen existiert diese Art von Eignungstest schon lange. Er sollte auch in einer der wichtigsten Institutionen unserer Gesellschaft etabliert werden, deren Aufgabe es ja gerade ist, die Gesellschaft zu schützen.

Im vergangenen Jahr hatte der niedersächsische Innenminister Boris Pistorius angekündigt, dass Bewerberinnen und Bewerber für die Polizei künftig grundsätzlich auf extremistische Gesinnung oder Verbindungen zur Clankriminalität überprüft werden. Konkret solle dies über eine Anfrage beim Verfassungsschutz geregelt werden, die automatisch vor dem Neueintritt in den Polizeidienst erfolgen soll. Aktuell wird diese Überprüfung nur mit ausdrücklichem Einverständnis des Bewerbers durchgeführt. Es ist dennoch ein erster guter Ansatz, den auch andere Bundesländer übernehmen sollten. Ein Persönlichkeitstest, der die Bewerber psychologisch auf die Eignung für den Polizeidienst untersucht, bleibt jedoch der maßgebliche Schlüssel.

Generell sollte während der Ausbildung das Thema politische Bildung eine größere Rolle spielen. Es muss intensiv behandelt werden, nicht nur im historischen Kontext, sondern vor allem auch mit Bezug auf den Polizeialltag. Darüber hinaus gilt es aber auch, den Beamten zu vermitteln, welche Folgen Antisemitismus für die Betroffenen hat. Angriffe, gezielte Sachbeschädigungen, Beleidigungen, Bedrohungen und verletzendes Verhalten prägen das Leben jüdischer Mitbürger massiv. Die Opfer fühlen sich nicht mehr sicher. Es ist nicht verwunderlich, dass von Betroffenen Aussagen wie: »Wenn wir Angst haben, gehen wir nach Israel. Dort herrscht zwar Krieg, aber wenigstens gibt es keinen Antisemitismus«, zu hören sind. Das ist ein Armutszeugnis für Deutschland.

Die Debatte um Rassismus und Antisemitismus darf nicht den Randgruppen überlassen werden. Die Gesellschaft muss sich auf eine starke, aufgeklärte und demokratische Polizei verlassen können, die sie schützt. Dafür müssen Beamte ein hohes Maß an Empathie zeigen, um den Betroffenen das Gefühl zu geben, ernst genommen zu werden. Es ist unsere Aufgabe, angesichts der Verantwortung für die Vergangenheit, aber auch für die Gegenwart und Zukunft, eine Situation zu schaffen, in der sich Juden wieder sicher fühlen können. Der Kampf gegen Antisemitismus in unserem Land ist nur effektiv, wenn das Sicherheits- und Rechtssystem die Betroffenen schützt.

***

BESSERES RECRUITING VON POLIZISTEN
UND GEZIELTE SCHULUNGEN

Idee Das Vertrauen in die Demokratie hängt unter anderem von der inneren und äußeren Sicherheit eines Landes ab. Es ist wichtig, dass die Bürger gute Erfahrungen mit staatlichen Institutionen machen, insbesondere mit der Polizei. Damit antisemitische und rassistische Gewalttaten nicht weiter zunehmen, müssen Polizisten besser aus- und weitergebildet werden. Und es muss mehr getan werden, damit Extremisten nicht in den Staatsdienst gelangen.

Effekt Oft können Polizisten ihrem Schutzauftrag nicht optimal nachkommen, weil sie unsicher sind und nicht alle neueren Erscheinungsformen von Antisemitismus und Rassismus sofort erkennen und einschätzen können. Dagegen helfen Bildungsangebote.

Umsetzung Das Recruiting von Polizeibeamten sollte in modernen Verfahren durchgeführt werden, ähnlich wie in der freien Wirtschaft. So lässt sich verhindern, dass Extremisten die Polizei unterwandern und ihre wichtige Funktion untergraben. Mit Fortbildungen können Beamte im Umgang mit von Rassismus und Antisemitismus Betroffenen geschult werden.

***

Ahmad Mansour ist Diplom-Psychologe und gründete gemeinsam mit seiner Frau 2018 die Initiative *MIND prevention* (Mansour-Initiative für Demokratieförderung und Extremismusprävention). Im Zentrum steht dabei die Prävention gegen muslimischen Extremismus und Antisemitismus. 2020 erschien sein neuestes Buch *Solidarisch sein! Gegen Rassismus, Antisemitismus und Hass.*

WIE DIE ARBEITSVERWALTUNG DIE DEMOKRATIE STÜTZEN KANN

Daniel Terzenbach

Der Fachkräftemangel bedroht nicht nur die deutsche Wirtschaft, sondern auch die gesellschaftliche Stabilität. Der Staat sollte deutlich mehr dafür tun, dass aus Einwanderern gut integrierte Mitarbeiter werden – und Beschäftigte besser qualifiziert.

Arbeit hat – gerade in der deutschen Gesellschaft – einen hohen Stellenwert. Sie ist die Basis für gesellschaftliche Anerkennung und der beste Schutz vor Ängsten in bestimmten gesellschaftlichen Schichten, vor Sorgen, vor Abstieg und Verlust. Der frühere Bundespräsident Richard von Weizsäcker hat es so formuliert: »Erwerbstätigkeit ist und bleibt für die Selbstachtung des Menschen, für seine Existenzsicherung und seine Orientierung im Leben unverzichtbar.« Ein funktionierender Arbeitsmarkt steht daher in direktem Zusammenhang mit der Stabilität des Staates und der Demokratie. Er integriert Menschen in die Gesellschaft, ermöglicht ihnen Teilhabe und sichert ihre Existenz. Erwerbsarbeit wird so zu einem wichtigen Pfeiler der Stabilität von Staat und Demokratie, den es zu bewahren gilt.

Bis zum Beginn der Corona-Pandemie hatte sich der deutsche Arbeitsmarkt kontinuierlich positiv entwickelt. Das Angebot an offenen Stellen lag zuletzt jahrelang auf einem hohen Niveau. Die durchschnittlichen Beschäftigungschancen für qualifizierte Arbeitnehmerinnen und Arbeitnehmer stiegen über die Jahre. Auch auf dem Arbeitsmarkt für Helferinnen und Helfer verbesserte sich das Verhältnis für Arbeit suchende Menschen deutlich.

Diese Entwicklung wurde auch durch den Zuzug vieler Migrantinnen und Migranten auch im Rahmen der Flüchtlingskrise nicht negativ beeinflusst. Im Gegenteil: Arbeitsmigration war zuletzt zu einem großen Teil mitverantwortlich dafür, dass die Zahl der Beschäftigten bis 2019 steigen konnte.

Diese positive Entwicklung verweist zugleich jedoch auf eine Problematik, die den Arbeitsmarkt der Zukunft stark prägen wird: Das Erwerbspersonenpotenzial in Deutschland, also die Anzahl der Personen im erwerbsfähigen Alter, sinkt trotz stetiger Zuwanderung aus dem Ausland. Die demografische Entwicklung stagniert seit den 2000er Jahren, die Bevölkerung im erwerbsfähigen Alter erreichte zuletzt zu Beginn des Jahrtausends einen Höchststand. Prognosen des Statistischen Bundesamts zeigen, dass sich die Erwerbsbevölkerung in Deutschland bis 2050 auf einen Stand reduzieren wird, der nur noch leicht oberhalb des Jahres 1960 liegen wird.

Die damit einhergehende Fachkräfteproblematik entwickelte sich in den letzten Jahren immer deutlicher zu einem Wachstumsrisiko für die deutsche Wirtschaft. Perspektivisch wird der Druck auf Betriebe und Unternehmen steigen, insbesondere auch in konjunkturellen Schwächephasen Fachkräfte im Unternehmen zu halten, um für eine kommende Phase des Aufschwungs gerüstet zu sein.

Die Bundesagentur für Arbeit hat bereits im Jahr 2011 mit dem Positionspapier »Perspektive 2025 – Fachkräfte für Deutschland« eine Analyse der Fachkräftesituation in Deutschland vorgelegt und Handlungsfelder definiert. Auf vielen der damals in den Fokus genommenen Felder sind wir in Deutschland bereits gemeinsam vorangekommen. So konnte beispielsweise die Erwerbsbeteiligung von Frauen gesteigert, die Beteiligung der Älteren (55- bis 65-Jährigen) am Arbeitsmarkt erhöht und die Einbeziehung schwerbehinderter Menschen auf dem ersten Arbeitsmarkt ausgeweitet werden.

Bei allen Potenzialen, die im Bereich der Steigerung des Arbeitsvolumens der erwerbsfähigen Bevölkerung noch immer liegen: Es zeigt sich deutlich, dass dies alles nicht ausreichen wird, um die Lücken zu füllen, die die demografische Entwicklung auf dem Arbeitsmarkt reißen wird.

Daher sind weitere Antworten notwendig. Für den Arbeitsmarkt in Deutschland muss uns ein Dreiklang aus Maßnahmen gelingen, um zu verhindern, dass allein schon das fehlende Angebot an Fachkräften den deutschen Arbeitsmarkt aus dem Gleichgewicht bringt und damit auch einen wichtigen Pfeiler unserer Demokratie gefährdet.

Wir müssen erstens den Menschen im Inland, die bislang noch nicht (dauerhaft) von der guten Arbeitsmarktlage profitieren konnten, faire, nachhaltige Perspektiven bieten. Es wird immer wichtiger werden, die Beschäftigungschancen von arbeitslosen Menschen zu stärken. Der beste Weg dazu ist und bleibt die berufliche Qualifizierung und Weiterbildung – unabhängig davon, ob jemand bereits einen Berufsabschluss hat oder nicht. Der Arbeitsmarkt der Zukunft erfordert eine lebenslange Weiterbildung, um Beschäftigung zu finden. Beschäftigte müssen dabei unterstützt werden, damit sie sich zu Fachkräften weiterentwickeln können und gemeinsam mit ihren Betrieben den Weg der Transformation gehen können. Dies sichert zudem die Zukunft der deutschen Wirtschaft, daher müssen alle Beteiligten hier stärker investieren: Unternehmen, Agenturen und Jobcenter.

Darüber hinaus gibt es Bevölkerungsgruppen, die nicht sofort mit beruflicher Qualifizierung beginnen können. Sie dürfen nicht vernachlässigt werden. Auch wenn wir – in der öffentlichen Debatte um die Prosperität des Arbeitsmarktes – die Notwendigkeit der Fachkräftesicherung betonen, dürfen wir gesellschaftlich nicht zulassen, dass Menschen allein gelassen, nicht mehr gesehen oder gewollt sind – noch ihnen das Gefühl geben, dass dem so wäre.

Das Gesetz zur Teilhabe am Arbeitsmarkt, das die Bundesregierung in der nun zu Ende gehenden Legislaturperiode verabschiedet hat, ist ein guter Schritt in diese Richtung. Damit haben Menschen, die über Jahre hinweg keinen Zugang zu Beschäftigung hatten, wieder eine Perspektive bekommen und können mit der täglichen Arbeit den eigenen Wert und die gesellschaftliche Anerkennung wieder spüren.

Zweitens bieten der europäische Binnenmarkt und die Arbeitnehmerfreizügigkeit für die deutsche Wirtschaft eine gute Chance, neue Fachkräfte zu finden. Die müssen wir nutzen. In den letzten Jahren erfolgte die Fachkräfterekrutierung innerhalb Europas in den Bereichen der sogenannten Engpassberufe. Darunter versteht man Berufe, in denen Arbeitnehmerinnen und Arbeitnehmer in erheblichem Umfang fehlen. Dies greift jedoch zu kurz, denn auch in anderen Bereichen des deutschen Arbeitsmarkts gibt es einen Bedarf, der sich gut von europäischen Partnern decken ließe (z. B. Baugewerbe und Fahrdienstleistungen).

Viele andere europäische Länder haben jedoch in den vergangenen Jahren ebenfalls eine positive Arbeitsmarktentwicklung genommen und stehen demografisch vor vergleichbaren oder gar größeren Herausforderungen. Die daraus resultierenden europaweiten Engpässe haben zur Folge, dass Länder wie etwa Polen, Bulgarien oder Kroatien, die bis vor kurzem Arbeitnehmerinnen und Arbeitnehmer ins Ausland vermittelt haben, nun auch Fachkräfte anwerben. Als offene Demokratie im Herzen Europas und größte Volkswirtschaft der Europäischen

Union muss es uns um faire Mobilität von Arbeitnehmerinnen und Arbeitnehmern gehen. Unternehmen und die Bundesagentur für Arbeit sollten ihre Rekrutierungsstrategie auf jene Regionen richten, wo ein Fachkräfteüberschuss vorhanden ist.

Drittens eröffnet sich seit 2020 die Möglichkeit, Fachkräfte auch außerhalb der EU zu rekrutieren. Hier haben wir in Deutschland nach jahrelanger Diskussion endlich das politische Commitment: Deutschland ist ein Einwanderungsland – und zur Sicherung unseres gesamtgesellschaftlichen Wohlstandes wollen wir das auch! Das Fachkräfteeinwanderungsgesetz, das am 1. März 2020 in Kraft getreten ist, schafft dafür einen guten Rahmen.

Mit der Corona-Pandemie und den damit einhergehenden Reisebeschränkungen wurde dem Gesetz leider quasi mit Inkrafttreten die Arbeitsgrundlage entzogen. Dieser Effekt wird aber lediglich temporär sein. Die Chancen, die Drittstaaten uns bieten, werden nachhaltig sein. Sobald die Pandemie eingedämmt sein wird, werden zahlreiche Menschen aus aller Welt nach Deutschland kommen, um hier als Fachkräfte zu arbeiten – und um Teil dieser Gesellschaft zu werden.

Die volkswirtschaftliche Diskussion, wie der Fachkräftemangel behoben werden kann, sichert den wirtschaftlichen Wohlstand in Deutschland. Aber dieser allein wird den demokratischen Zusammenhalt nicht fördern oder auch nur erhalten. Daher müssen wir alle im Blick behalten und sicherstellen, dass sich niemand allein gelassen oder vergessen fühlt. Nur dann werden unsere demokratische Grundordnung, unser Staat, seine Institutionen und ihre Vertreter als funktionierend wahrgenommen werden. Dazu gibt es wichtige Stellschrauben, die wir im Blick behalten müssen.

Erstens dürfen Qualifizierung und Teilhabe nicht gegeneinander ausgespielt werden. Daher muss der Bundeshaushalt auch künftig einen sozialen Arbeitsmarkt ausreichend finanzieren.

Die seit 2019 gesetzlich verankerte Teilhabe am Arbeitsmarkt war aus meiner Sicht ein wichtiges Zeichen für die Gesellschaft, auch Menschen wieder Chancen zu ermöglichen, die jahrelang ohne Perspektiven waren. Das hat aber seinen Preis: Die Bundesregierung der nun zu Ende gehenden Legislaturperiode hat dafür zunächst vier Milliarden Euro zur Verfügung gestellt. Dabei darf es nicht bleiben, denn die Gelder reichen nicht aus, um beides zu finanzieren: Qualifizierung und Teilhabe. Wir dürfen die Jobcenter künftig aus finanziellen Gründen nicht vor die Wahl stellen, was sie finanzieren. Es muss – über 15 Jahre nach Schaffung der Grundsicherung – endlich gelingen, diese strukturelle Unterfinanzierung zu beseitigen.

Zweitens müssen Fachkräfte, die nach Deutschland einwandern, nicht nur auf dem Arbeitsmarkt integriert werden, sondern auch sozial. Dafür brauchen wir ergänzende gesetzliche Grundlagen. Fachkräfte müssen vom Zeitpunkt ihrer Einreise an begleitet und gefördert werden. Die soziale Integration muss strukturell ermöglicht werden. Dies könnten Träger wie zum Beispiel Wohlfahrtsverbände übernehmen. Für ihre Finanzierung durch das Bundesarbeitsministerium oder die Bundesagentur für Arbeit müsste allerdings eine rechtliche Grundlage geschaffen werden. Alle Erfahrungen – von der Anwerbung der Gastarbeiter bis zur Flüchtlingskrise – zeigen, dass solche Strukturen den Ankommenden helfen, sich in Deutschland wohlzufühlen und sich zu integrieren. Zudem unterstützen sie Einwanderer dabei, ein selbstverständlicher Teil der Gesellschaft werden zu können. Wir sollten die volkswirtschaftlichen Zusammenhänge erklären, für Einwanderung werben und positive Effekte genauso offen benennen, wie wir Probleme nicht verschweigen dürfen.

Zudem müssen Fachkräfte, die sich für Deutschland interessieren, schon in ihren Heimatländern dabei unterstützt werden, die deutsche Sprache zu lernen. Im Wettbewerb um diese Fachkräfte mit – insbesondere englischsprachigen – Einwanderungsländern werden wir nicht bestehen, wenn wir nicht bereits im Ausland beim Erlernen der deutschen Sprache unterstützen. Dies muss finanziell gefördert werden – auch im Hinblick auf die gesellschaftliche Dimension. Denn Sprache ist ein zentraler Schlüssel zur sozialen Integration. Über eine Hilfe beim Spracherwerb im Ausland können wir dazu beitragen, die soziale Integration nach der Einreise zu erleichtern. Sie stärkt den demokratischen Konsens der Fachkräfteeinwanderung.

Der politische Konsens, dass wir Zuwanderung zur Sicherung unseres Wohlstandes benötigen, manifestierte sich im Jahr 2020 mit dem Fachkräfteeinwanderungsgesetz. Allerdings müssen wir sicherstellen, dass diese politische Übereinkunft auch eine gesellschaftliche wird beziehungsweise bleibt. Welche negativen gesellschaftlichen Folgen ein solcher fehlender Konsens haben kann, spüren wir – noch immer – an den gesellschaftlichen Folgen der Flüchtlingskrise aus den Jahren 2015/2016.

Deshalb ist es wichtig, dass wir weitere Schritte gehen. Mit dem bisherigen gesetzlichen Rahmen haben wir uns – typisch deutsch – sehr stark auf Prozesse, Zuständigkeitsregelungen und Verfahrensverbesserungen konzentriert. Wir dürfen hier nicht auf halber Strecke stehen bleiben. Zur Erkenntnis: »Wir riefen Arbeitskräfte und es kamen Menschen« (Max Frisch), sind wir bereits in den sechziger Jahren gekommen – wir sollten sie auch beachten!

***

Idee Die Arbeitsverwaltung engagiert sich stärker als bisher bei der Gewinnung von Fachkräften im Ausland und bei ihrer Integration. Schon in den Herkunftsländern sollten Sprachlernangebote finanziert werden. Beschäftigte und Arbeitsuchende müssen zudem mit Qualifizierungs- und Teilhabeprogrammen unterstützt werden.

Effekt Ein funktionierender Arbeitsmarkt sichert nicht nur die Existenz, er integriert Menschen in die Gesellschaft und ermöglicht ihnen Teilhabe. Die Arbeitsverwaltung kann mit gezielter Förderung dazu beitragen, dass die Demokratie in Deutschland gestärkt wird.

Umsetzung Fachkräfte müssen bei ihrem Start in Deutschland intensiver begleitet werden, etwa durch Mitarbeiter der Wohlfahrtsverbände. Das könnte die Regierung gesetzlich regeln. Zudem sollte der finanzielle Rahmen des Gesetzes zur Teilhabe am Arbeitsmarkt erweitert werden: Jobcenter dürfen nicht aus Kostengründen vor die Entscheidung gestellt werden, ob sie Qualität oder Teilhabe fördern.

∗∗∗

Daniel Terzenbach ist seit 2019 Vorstandsmitglied der Bundesagentur für Arbeit. Zuvor war er Geschäftsführer in der BA-Zentrale und verantwortete den Bereich »Qualität – Umsetzung – Beratung«.

DEMOKRATIE ALS
MANAGEMENT
AUFGABE

IM STRESSTEST: SO WERDEN BEHÖRDEN KRISENFEST

Frank-Jürgen Weise

Bürgerinnen und Bürger erleben staatliches Handeln unmittelbar im Kontakt mit Behörden. Diese müssen leistungsfähig sein, um Vertrauen zu schaffen – vor allem in Krisenzeiten.

Im September 2015 erreichte die sogenannte Flüchtlingskrise die Bundesrepublik. Und plötzlich richteten sich alle Blicke auf Nürnberg, genauer auf ein wuchtiges Gebäude an der Frankenstraße, ehemals eine SS-Kaserne, heute Zentrale des Bundesamtes für Migration und Flüchtlinge (BAMF). Hier konnte man die Lage wie unter einem Brennglas betrachten. Nicht nur, was im Land und an den Grenzen unter dem Druck von Hunderttausenden Geflüchteten geschah, sondern auch, wie eine Behörde dem Abgrund entgegentaumelte.

Nur wenige Hundert Meter Luftlinie vom BAMF entfernt hatte die Bundesagentur für Arbeit (BA) durch ihre eigenen Beobachtungen im Arbeitsmarkt schon 2013 erkannt, dass es einen stark steigenden Anteil geflüchteter Menschen mit Schutzstatus unter den Arbeit suchenden Menschen gab. Einer der Geschäftsführer erarbeitete daher mit seinen Kolleginnen und Kollegen das Konzept »Early Intervention«, mit dem die Menschen mit Fluchtgeschichte frühzeitig angesprochen wurden, um ihre Kompetenzen für den Arbeitsmarkt festzustellen, Vermittlungsstrategien festzulegen und vor allem auch die Beschäftigten der BA zu trainieren, um die Menschen, deren Kultur und Anliegen zu verstehen.

Der Verwaltungsrat der BA, bestehend aus den Vertretern der Arbeitgeber, der Gewerkschaften und der Politik, besuchte Anfang 2014 das BAMF und wollte sich vergewissern, dass die erkannte Lage in guter Abstimmung bewältigt würde. Die Leitung des BAMF beruhigte das Gremium mit seiner Lageeinschätzung. Sie erwies sich schon bald als falsch.

Bereits wenige Monate später meldete das BAMF dem Bundes-Innenministerium (BMI), dass die Zahl der an der Grenze und in Deutschland ankommenden geflüchteten Menschen die Kapazitäten des Amtes in der Bearbeitung überschreitet. Es wurde Personal zur Unterstützung angefordert, auch als Hilfe von anderen Behörden. Doch es geschah nichts, auch nicht, als die Warnung Anfang 2015 nochmals mit hoher Dringlichkeit wiederholt wurde.

Die Folgen haben wir noch vor Augen: Tägliche Bilder in den Nachrichten von Menschen, die nachts vor den Bundes- und Landesbehörden im Regen warteten, um einen Termin für den Asylantrag zu bekommen. Berichte über monatelange Wartezeiten. Zahlreiche ungeklärte Schicksale. Das BAMF arbeitete in seinen veralteten und überlasteten Strukturen, aber es wurde keine Verbesserung erkennbar. Die Politik musste handeln.

Was sich damals ereignete, ist lehrreich für die Zukunft. Gerade in der Corona-Pandemie zeigt sich erneut, wie stark die Zustimmung der Bevölkerung zur Politik von effizientem und entschlossenem staatlichem Handeln abhängt. Dafür ist eine moderne und funktionsfähige öffentliche Verwaltung unverzichtbar.

Folgerichtig wurde damals die schon in Reformen und Stresstest durch die Finanzkrise 2009 trainierte Bundesagentur für Arbeit gebeten, die Kolleginnen und Kollegen im BAMF zu unterstützen. Innerhalb einer Woche sollte eine Bestandsaufnahme zur Lage erstellt und dem BMI und dem Kanzleramt berichtet werden. Dieses erste Papier von 14 Din-A4-Seiten zeichnete ein verheerendes Bild einer aktuell völlig überforderten Behörde. Zugleich wurde klar, dass »mehr Personal« keine Lösung sein konnte.

Es gab überhaupt keine Transparenz über wichtige Daten. Die IT war teilweise auf dem Stand der 90er Jahre. Arbeitsabläufe und Prozesse waren über Jahrzehnte gewachsen, aber völlig ineffizient. Die Kommunikation untereinander und mit den Außenstellen funktionierte nicht. Für die Folgen daraus einige Beispiele: Die Bundespolizei hatte nach Vorschrift den geflüchteten Menschen die Ausweispapiere abgenommen und an die Stelle geschickt, zu der sie reisen sollten. Aber der große Teil der Menschen wurde mit Beginn der kalten Jahreszeiten gleich zur Unterkunft in Kommunen geleitet und Tausende von Pässen lagen ohne Zuordnung in den Kellern der Außenstellen. So war völlig unklar, wie viele Menschen sich zu dieser Zeit im Land befanden.

Die Gerichte bekamen bei Einsprüchen gegen Asylentscheidungen die Akten noch in Papierform mit zum Teil nahezu hundert Seiten per Post geschickt. Die Bundesbehörden hatten jahrelang nicht mehr untereinander und mit den Behörden der Länder und den Kommunen die Verfahren geübt.

Besonders bedrückend waren die Wartezeiten für die geflüchteten Menschen. Ohnehin dauerte es schon vom Antrag auf Asyl bis zur Entscheidung über sieben Monate, aber von der Ankunft in Deutschland bis zur Antragstellung vergingen ebenfalls über sieben Monate. Das bedeutete zweierlei: Die überwiegend jungen Menschen warteten über 14 Monate in Lagern oder Kommunen, bekamen Asylbewerber-Leistungen, aber keine Perspektive, und auch ihre Identität wurde erst spät festgestellt. Zweitens würde es bei gleich bleibendem Tempo etwa 14 Jahre dauern, den Berg an Asylanträgen abzubauen.

Kurzum: Das BAMF verfügte nicht ansatzweise über das

notwendige Werkzeug, um die Zahl und die Anliegen der Asyl- und Schutzsuchenden zu bewältigen. Aber die fehlenden IT-Arbeitsplätze und notwendigen leistungsfähigen Netze machten »mehr Personal« als Sofortlösung unmöglich. Nicht umsonst stellte der Vorstandsvorsitzende des Normenkontrollrats bei Besuchen und in seinen Berichten nüchtern fest, dass die Möglichkeiten der Digitalisierung nicht vorhanden waren, und wenn, dann nicht genutzt wurden.

Es ließen sich weitere unzählige Beispiele von nicht geordneten Verfahren anführen. Alles zusammen führte zu hohen Kosten, belastenden Situationen für Geflüchtete wie für Mitarbeitende des BAMF und nicht zuletzt zu Sicherheitsrisiken. Für die Bürgerinnen und Bürger wie für die Politik eine Enttäuschung, denn der Normalfall sollte sein, dass sie sich auf die gute Arbeit der Behörden verlassen können.

Wie wurde die schwierige Situation also gemeistert?

Bei der Reform der BA nach dem sogenannten Vermittlungsskandal Anfang der 2000er Jahre war deutlich geworden, dass geübte Methoden des Managements und der Unternehmensführung sich durchaus auf Behörden übertragen lassen. Transparenz über Zahlen durch Controlling, interne Leistungsvergleiche von Einheiten, Führen über Ziele, elektronische Akten und Strukturen, die sich an den Bedürfnissen von Arbeitsuchenden orientieren, sind nur einige davon. Mit ihnen ist es gelungen, die als unführbar und unreformierbar geltende Großbehörde, die jedes Jahr Milliardendefizite machte und kurz vor der Zerschlagung stand, doch noch zu einem Dienstleister zu formen, der den Bürgerinnen und Bürgern Nutzen bringt, weniger Geld braucht und trotzdem finanzielle Rücklagen von 18 Milliarden Euro aufbauen konnte, die in der Finanzkrise 2008/2009 für Kurzarbeit eingesetzt wurden.

Im Falle des BAMF waren daher die verantwortlichen Politiker, von Bundesministern über Staatssekretäre bis zu Ministerpräsidenten, das Bundeskanzleramt und viele andere an der schonungslosen Eröffnungsbilanz und damit der Möglichkeit von Verbesserungen sehr interessiert. Das Motto war: Mängel erkennen, anerkennen und abstellen. Es hatte sich schon bei der Reform der BA bewährt und hat alle im Sinne einer guten und offenen Fehlerkultur ermuntert und motiviert.

Mit der Rückendeckung der politisch Verantwortlichen konnten wirklich sehr engagierte Menschen aus dem BMI und aus dem BAMF mit Unterstützung einer kleinen, aber schlagkräftigen, erfahrenen und entschlossenen Gruppe von Mitarbeitenden aus der BA in kürzester Zeit das Ruder herumreißen. Das ging nicht ohne Verletzungen und Widerstände und nicht ohne Mut zur Lücke.

Zuallererst galt es, Transparenz zu schaffen. Über die Zahlen der Geflüchteten, ihren Status, ihren Aufenthalt. Dann über Verfahren, Prozesse, Leistungsfähigkeit. Mit Hilfe der BA, die über eine der leistungsstärksten IT-Strukturen Europas verfügt, wurde die Digitalisierung in wenigen Wochen vorangetrieben, nicht zuletzt, um ein konsequentes Controlling einführen zu können. Denn am Ende sind es Zahlen, mit denen sich komplexe Abläufe steuern lassen.

In der Folge wurde die Arbeitslast zwischen den Außenstellen besser verteilt, die Abläufe zu den Gerichten mithilfe von elektronischen Akten verbessert, ebenso die Abstimmung der Bundesbehörden in Sicherheitsfragen, die Systematik von Anhörung und Entscheidung im BAMF, die Zusammenarbeit mit den Ländern und die Befähigung bei den Ausländerbehörden in den Kommunen.

Nach und nach wurde klar, dass es 300 000 Menschen gab, die ihren Antrag schon gestellt und nach langer Zeit entschieden bekamen, dass weitere 400 000 direkt zur Betreuung in die Kommunen geschickt worden waren und mit unendlicher Mühe zur zentralen Registrierung ermittelt werden mussten und dass im Jahr 2016 nochmals 300 000 Menschen neu in Deutschland ankamen.

Gegenüber den Vorjahren mit durchschnittlich 50 000 bis 80 000 Asylbewerbern wurden von diesen rund eine Million Fällen mit verbesserter IT, besseren Abläufen und unterstützendem Personal aus Bundeswehr, Polizei, BA und vielen Freiwilligen noch 2016 700 000 Verfahren entschieden. Entsprechend hoch war auch die Belastung der nachfolgenden Dienststellen, wie Gerichten mit Widersprüchen, aber prozentual auch nicht mehr als vorher.

Als Lehre daraus kann man Folgendes ziehen:

Gute und ruhige Zeiten sollten wir nutzen und bewusst angespannt und unruhig sein, um uns auf das vorzubereiten, was kommen könnte. Dann kann man in der Krise ruhig und besonnen bleiben.

Dass Krisen kommen können, haben wir bei der Corona-Pandemie erfahren. Auch wenn dies eine noch nie dagewesene Sondersituation war und ist, so öffnet sie doch die Augen: Es geht manchmal schneller und kommt heftiger, als alle es erwartet haben.

Die letzte Verantwortung mag bei den Politikern liegen. Aber diese müssen sich darauf verlassen, dass die operativen Behörden, die Organisationen und die verantwortlichen Führungskräfte ihre Arbeit umfassend gut machen.

Die Dominanz der Juristen in Führungsfunktionen in Behörden muss schon in der Ausschreibung der Stellen gebrochen werden. Es braucht Führungsteams mit unterschiedlicher Berufserfahrung und unterschiedlichem Blick auf das gleiche Thema.

Jede Behörde auf Ebene des Bundes, der Länder und der Kommunen sollte in Eigenregie alle fünf, besser alle drei Jahre einen Stresstest durchführen mit der Fragestellung: Was wäre, wenn es recht schnell 30 bis 50 Prozent mehr Last im System gibt? Dies ist übrigens schon seit Jahren eine Forderung des Normenkontrollrats an die Politik.

Der öffentliche Bereich sollte lokal eine Art von Reservisten bereithalten, damit sich Behörden im Fall der Überlast gegenseitig helfen können. Beim Flüchtlingsmanagement kam die Belastung erst ins BAMF, dann in die BA. Entsprechend wurden Beschäftigte der BA für Aufgaben im BAMF trainiert und dann abgeordnet. Diese Beschäftigten sollten auch in ruhigen Zeiten zwei- bis dreimal im Jahr in solchen Funktionen üben und so schnell einsetzbar sein, wenn eine Krise kommt.

Im politischen Prozess sollten diese Stresstests in Eigenregie durchgeführt werden, jedoch nach einem Checklistensystem, das noch erarbeitet werden muss. Dazu einige Aspekte, die aus eigener Erfahrung unerlässlich sind:

Governance überprüfen Passen die Satzung, die Geschäftsordnung und die Befugnisse zum Auftrag und zur Verantwortung?

Gespräche mit den Führungskräften Ist die eigene Leitungsebene den Herausforderungen gewachsen? Mit den Betroffenen und mit der Personalvertretung wird geklärt, welche Aufgabe mit welchen Zielen bei wem in den besten Händen ist.

IT und Digitalisierung der Prozesse prüfen Ist die IT, sowohl Hardware wie Software, auf einem aktuellen Stand und notfalls schnell ausbaufähig? Sind Prozesse und Verfahren effizient und effektiv? Die entscheidenden Fragen sind: Wie lange dauert es, was bringt es, was kostet es?

Personalverwaltung Wie steht es um Fehlzeiten, Zielvereinbarungen, Beurteilungen? Sind Fortbildungen gut organisiert und die Mitarbeitenden für ihre Aufgaben gerüstet?

Controlling und Risiko-Controlling Ein gutes Controlling gibt Aufschluss über die Leistungsfähigkeit einer Organisation, ermöglicht die laufende Steuerung und bei Abweichung von den Zielen das Gespräch zu den Ursachen. Ein Risiko-Controlling ist ein wichtiges Frühwarnsystem, um heraufziehende Krisen zu erkennen.

Führungssystem mit Zielen Führen über Ziele und regelmäßige Zielerreichungsgespräche hat sich bewährt und gibt den Mitarbeitenden Freiraum und Verantwortung für die Erledigung ihrer Aufgaben.

Kommunikation Transparente Information nach innen und außen ist für die Kolleginnen und Kollegen ebenso wichtig wie für die Medien und damit die Öffentlichkeit. Dabei kommt es insbesondere in Belastungssituationen auf den richtigen Zeitpunkt, den richtigen Ton und die Geschwindigkeit an. Dies muss geübt werden. Kaum etwas ist schädlicher in Krisen als Gerüchte.

Werden bei diesen Punkten Mängel erkannt, dann hat die Leitung die Zeit, diese zu erkennen, anzuerkennen und abzustellen. Dabei darf es keine Scheu geben, eventuelle Fehler einzugestehen, auch wenn dies von der Presse aufgegriffen oder von der Opposition politisch genutzt wird. Denn erkannte Mängel sind ein Schatz für Verbesserungen.

Wie wichtig das ist, haben die Bürger in der Corona-Krise erlebt: Es konnten dreimal so viele Anträge auf Kurzarbeitergeld bearbeitet werden wie in der Finanzmarktkrise – weil die Behörde ihre internen Prozesse über Jahre hinweg stetig verbessert hat. Wären die Unterstützungsleistungen nicht so schnell verteilt worden, wäre die Verunsicherung vermutlich deutlich größer. Mit einem guten Krisenmanagement stützt Behördenhandeln das Vertrauen in den Staat und in die gewählten Repräsentanten der Demokratie.

***

VERTRAUEN IN STAATLICHES HANDELN DURCH LEISTUNGSFÄHIGE BEHÖRDEN

Idee Behörden sind unmittelbare Berührungspunkte zwischen Bürgerinnen und Bürgern und Staat. Sie müssen gerade in Belastungssituationen oder Krisenzeiten zuverlässig funktionieren. Um das zu gewährleisten, sollten alle Behörden sich regelmäßig einem Stresstest in Eigenregie unterziehen.

Effekt Leistungsfähige Behörden vermitteln den Menschen ein Gefühl der Sicherheit, der Zuverlässigkeit des Staates und das Bild von verantwortungsvoll handelnden Personen, die ruhige Zeiten dafür nutzen, sich auf den Krisenfall vorzubereiten.

Umsetzbarkeit Ein Stresstest von Behörden in Eigenregie ist nach Entwicklung einer Checkliste sofort und ohne große Kosten möglich.

***

Frank-J. Weise ist seit 2014 Vorstandsvorsitzender der Gemeinnützigen Hertie-Stiftung. Seit 2017 ist er zudem Beauftragter der Bundesregierung für Flüchtlingsmanagement. Bei der Bundesagentur für Arbeit war er von 2002 bis 2017 tätig, zunächst als Vorstandsmitglied, ab 2005 als Vorsitzender des Vorstands. Von September 2015 bis Ende 2016 leitete er zusätzlich das Bundesamt für Migration und Flüchtlinge.

MEHR WISSENSCHAFT WAGEN

Karl Lauterbach

Wissenschaftler bringen gute Voraussetzungen mit, die komplexen Probleme der Zukunft zu verstehen und zu bewältigen. Deshalb sollten sie häufiger in Parlamente und Regierungen einziehen. Ein Appell an frühere Berufskollegen.

Seit 2005 bin ich Mitglied des Deutschen Bundestags für die SPD. Ich wurde viermal direkt gewählt für meinen Wahlkreis Köln-Mülheim und Leverkusen. Mein beruflicher Hintergrund: Ich bin Arzt und Universitätslehrer für die Bereiche Gesundheitsökonomie und klinische Epidemiologie, hatte das große Glück, an der Harvard-Universität beim Nobelpreisträger und Friedenspreisträger des Deutschen Buchhandels Amartya Sen zu einem gesellschaftspolitischen Thema promovieren zu dürfen, und habe in Deutschland ein Forschungsinstitut gegründet und geleitet. Ich kenne also sowohl die Arbeit von Wissenschaftlern als auch die von Politikern aus langjähriger eigener Erfahrung.

Neben allen Aspekten der Gesundheitsversorgung und Medizin interessiere ich mich insbesondere auch für die Themen des Klimawandels und für internationale Politik. Gerade Letzteres hat mit meinem zehnjährigen Aufenthalt in den Vereinigten Staaten zu tun, wo ich auch immer noch regelmäßig als Gastprofessor hinreise und seit Jahren mit Kollegen und Freunden die amerikanische Innenpolitik verfolge. Im Rahmen zahlreicher Forschungs- und Beratungsreisen habe ich auch viele andere demokratische und nicht demokratische Systeme persönlich kennengelernt. Daher vorab: Das deutsche funktioniert in meinen Augen besser als fast jedes andere. Im Vergleich zur Situation in den USA und auch zu vielen anderen Demokratien geht es Deutschlands Parlamenten gut. Sie funktionieren im Routinebetrieb vergleichsweise sauber. Dennoch haben wir seit einigen Jahren mit massiven neuen Herausforderungen zu kämpfen. Der Grund ist einfach: Der Routinebetrieb endet. Ab jetzt gehen wir in einen kontinuierlichen Krisenmodus über. Will man den bewältigen, muss sich viel ändern. Eine notwendige Änderung mache ich zum Gegenstand dieses Beitrags: Wir brauchen mehr Wissenschaftler in der Politik.

Wieso endet der Routinebetrieb? Anhand von vier Problemen lässt sich die Entwicklung beschreiben. Das erste möchte ich die Herausforderung durch die Zentrifugalkräfte nennen. Damit ist gemeint, dass immer mehr Kompetenzen des Bundes aus Berlin weggetragen werden. Klima- und Umweltpolitik sind weitgehend zu einer globalen Angelegenheit geworden. Flüchtlings- und Migrationspolitik sind nur im europäischen Zusammenhang lösbar. Für die Durchsetzung von Maßnahmen in beiden Bereichen ist man zusätzlich auf die Zusammenarbeit mit den Ländern und den Kommunen in Deutschland angewiesen. Die dringend notwendige Verbesserung unseres Bildungssystems wird immer stärker von den Ländern und Kommunen selbst in die Hand genommen – oder auch nicht. Ebenso werden Teile unseres Haushalts direkt an Kommunen und Länder weitergereicht, zum Beispiel in der Betreuungs- oder in vielen Teilen der Sozialpolitik. Wichtige Entscheidungen in der Gesundheitspolitik haben wir an die Selbstverwaltung, an Ausschüsse oder Institute ausgelagert, wie etwa die Bewertung neuer Arzneimittel an das Institut für Qualität und Wirtschaftlichkeit im Gesundheitswesen (IQWiG). So werden im Rahmen einer erfolgreichen Bundespolitik immer mehr Abstimmungen und Kompromisse mit nationalen und internationalen Gremien wie zum Beispiel der UNO, G7-Treffen, den europäischen Institutionen, den Bundesländern und den Städtetagen notwendig. Was bleibt dann überhaupt in der Verantwortung des Bundestags und der Bundesregierung? Der Bund hat auf allen Ebenen zwar nach wie vor die wichtigste planerische und koordinierende Funktion. Aber die Kompromissfindung und Abstimmung wird immer komplexer. Gelingen die Kompromisse aber nicht, sucht der Bürger die Schuld fast immer in Berlin. Die Komplexität der Prozesse und die vielen Abhängigkeiten verlangsamen die Entscheidungen, während sich das Problemwachstum jedoch beschleunigt. Die zunehmende Diskrepanz frustriert die Bürger, eine weiterwachsende Unzufriedenheit besonders mit der Bundespolitik wird die wahrscheinliche Folge sein.

Als zweites Problem ist der Populismus zu nennen. Verstärkt durch die sozialen Medien werden Dinge sagbar, die in der Vergangenheit wahrlich unsäglich gewesen wären. In lokalen Verstärkerblasen bilden sich Resonanzräume für die Radikalisierung von Politik in jeder Dimension. Zunehmend werden auch alle wissenschaftlichen Erkenntnisse immer schneller politisiert. Somit werden Fakten und Wissensfragen, auf die man eine wahre oder falsche Antwort geben kann, zu politischen Meinungsentscheidungen, bei denen es letztlich keine objektiv richtige Position gibt. In den Filterblasen der sozialen Medien werden aber nicht nur wissenschaftliche Erkenntnisse diskreditiert. Darin wachsen auch klare antidemokratische Bewegungen. Sie zu beherrschen ist eine lebensnotwendige Abwehrfunktion der Demokratie, nicht nur in Berlin. In den USA ist zu sehen, wohin die geschickte Nutzung sozialer Medien durch Populisten führen kann.

Ein drittes Problem ist die Zunahme der exogenen Schockmomente. Während viele Lösungsinstrumente für Standardprobleme aus Berlin abhandenkommen, stürzen zunehmend neue Probleme auf das Parlament und die Regierung in Berlin ein. Beispielhaft seien nur die Flüchtlingskrise 2015, die Finanzkrisen, die Corona-Pandemie und der Klimawandel genannt. Diese wichtigen Einflüsse erschweren eine planbare Arbeit der Haushalts- und der Fachpolitiker. Sie binden extrem viel Energie der wichtigsten Entscheidungsträger von Regierungsparteien und Parlament. Durch die Beschleunigung der Abfolge der auf uns hereinbrechenden Probleme droht ein ständiger Kontrollverlust. Dies spüren die Bürger, und es verunsichert sie auch als Wähler.

Als viertes Problem möchte ich auf die zunehmende Komplexität der notwendigen Lösungen für die Probleme hinweisen. Die Coronakrise lässt sich zum Beispiel nur durch eine extrem schnelle Integration neuester virologischer, epidemiologischer, medizinischer und sozialwissenschaftlicher Erkenntnisse bewältigen. Bei der Bewältigung der Flüchtlingskrise mussten innerhalb kürzester Zeit neue Rechtsgrundlagen national und international geschaffen werden. Dazu kamen massivste ökonomische und logistische Herausforderungen. Gleichzeitig wurde in den sozialen Medien ein Klima geschaffen, welches jede Lösung der Verhetzung ausgesetzt hat. Das aber mit Abstand größte externe Problem im Hinblick auf den Abschied vom Routinebetrieb ist der Klimawandel. Um diesen bewältigen zu können, sind die neuesten Erkenntnisse aus der Klimaforschung und den Naturwissenschaften notwendiger Bestandteil auch nur der Diskussion von Vorschlägen. Der Klimawandel wird zur Dauernotlage, während die anderen Probleme, Finanzmarktkrisen, Pandemien und Flüchtlingskrisen, in immer kürzeren Abständen erschwerend periodisch zurückkehren werden.

Es gibt für diese Probleme keine Patentlösungen. Dafür sind sie zu unterschiedlich und zu komplex. Aber viele Jahre Arbeit in Politik wie in der Wissenschaft und Einblicke in den Maschinenraum der Gesetzgebung bei der Bewältigung einiger der aufgezählten Krisen aus nächster Nähe haben für mich zu folgenden grundsätzlichen Erkenntnissen geführt: Ich bin fest davon überzeugt, dass wir die vier Probleme nur managen können, indem die Qualität und das Tempo der Bewältigung steigen. Die deutlich stärkere Berücksichtigung wissenschaftlicher Erkenntnisse ist dafür eine notwendige Voraussetzung. Um diese Voraussetzung zu erfüllen, brauchen wir auch mehr Wissenschaftler in den Parlamenten und in der Regierungsverantwortung. Dabei geht es nicht darum, dass Wissenschaftler unbedingt ihre eigenen wissenschaftlichen Erkenntnisse zum Maßstab ihrer politischen Arbeit machen sollen. Wissenschaft ist Teamarbeit, und jeder einzelne Wissenschaftler hat nur einen sehr eingeengten Blick auf das eigene Arbeitsgebiet. Wissenschaftler in der Politik repräsentieren nicht unbedingt die vorherrschende wissenschaftliche Meinung in den Problemfeldern. Das kann mal sein, muss aber nicht. Und darauf kommt es auch nicht an. Es ist vielmehr die Zusammenarbeit mit den besten internationalen und nationalen Wissenschaftlern zur jeweiligen Fragestellung, durch die Wissenschaftler in Parlament und Regierung zu einer deutlichen Verbesserung der Verständigung und Integration der Erkenntnisse in die politische Diskussion beitragen können.

Dabei müssen die Wissenschaftler sich in erster Linie als Politiker mit wissenschaftlichem Hintergrund verstehen. Ein Wissenschaftler trifft keine politischen Entscheidungen. Ein Politiker schon. Und da keine politische Entscheidung besser ist als die wissenschaftlichen Grundlagen, die sie voraussetzt, müssen die aktuellen wissenschaftlichen Erkenntnisse viel schneller integriert werden als bisher.

Zwischen Wissenschaft und Politik gibt es oft derart große Kommunikationslücken, dass Entscheidungen nicht ausreichend fundiert sind. Im hektischen Alltag der Politik besteht oft kein Raum für das Erlernen und Vermitteln wissenschaftlicher Erkenntnisse. Die wenigsten Abgeordneten haben einen über das Studium hinausgehenden Hintergrund in der Wissenschaft. Gegen Wissenschaftler gibt es zahlreiche Vorurteile in der Politik. Sie werden auch oft nicht zum Gewinn von Erkenntnissen herangezogen, sondern zur Begründung der politisch bereits getroffenen Entscheidungen, was sich besonders häufig in Anhörungen zu Gesetzen zeigt. Werden im Vorfeld von Gesetzen Wissenschaftler angehört, ist die Zahl der Experten in den Ausschüssen oft größer als die Zahl der Ausschussmitglieder des Bundestags, deren Einladung die Experten gefolgt sind. Kommunikation mit und Einbindung von Wissenschaftlern in die Politik ist daher nicht ausreichend.

Der Bundestag braucht definitiv einen Querschnitt durch alle Berufe. Insbesondere braucht er auch, paradoxerweise, mehr Menschen mit einfacher Ausbildung oder Arbeiter. Am allermeisten braucht er mehr Frauen. Aber er braucht definitiv auch mehr Wissenschaftler. Wissenschaftler in der Politik können nicht nur das Vertrauen in die Bedeutung von Wissenschaft im Parlament erhöhen. Sie können selbst die Informationen anderer Wissenschaftler am besten bewerten und zur Grundlage ihrer Entscheidungen machen. Darüber hinaus sprechen sie fließend zwei Spezialsprachen: die der Wissenschaft und die der Politik. So sind sie oft besser in der Lage, wissenschaftliche Erkenntnisse so zu kommunizieren, dass sie in der Politik nutzbar sind und nicht leicht von Gegnern missverstanden oder gar verhetzt werden können.

Wie würden sich mehr Wissenschaftler in der Politik auf die oben beispielhaft beschriebenen Herausforderungen auswirken?

Zunächst ist die Abhängigkeit von nationaler und internationaler Kooperation in der Wissenschaft schon lange Voraussetzung für jeden Erfolg. Wissenschaft ist eine internationale Teamleistung. Abstimmungen und transparente Absprachen sowie Langzeitpläne und Kooperationen sind der Standard. Auch die Geduld und Hartnäckigkeit solcher internationalen Forschungsprojekte sind eine geradezu optimale Vorbereitung auf die zunehmende Internationalisierung des politischen Entscheidungsprozesses.

Das zweite Problem, die Entwertung wissenschaftlicher Erkenntnisse zu politischen Meinungen, die es Populisten erlaubt, unwirksame, ungenügende und zum Teil sogar sehr gefährliche Lösungen für drängende Probleme zu vertreten, kann durch Wissenschaftler in der Politik zumindest entschärft werden. Die falschen Behauptungen könnten in den Parlamenten fundierter und unmittelbarer zurückgewiesen werden. Bisher werden Wissenschaftler zu noch so abstrusen Behauptungen von Populisten bezüglich wissenschaftlich gesicherter Erkenntnisse kaum gehört. Gerade in Deutschland halten sich Wissenschaftler aus dem politischen Diskurs weitgehend heraus, da es hier nicht wirklich anerkannt ist, sich in Politik einzumischen. Dadurch entsteht ein gefährliches Vakuum. In zahlreichen Bereichen, etwa bei der Wirksamkeit von Impfungen, Homöopathie oder der Gefahr von Windkraftanlagen verbreiten sich teilweise abstruse Haltungen innerhalb dieses Vakuums. Wissenschaftler außerhalb des Parlaments schweigen zu oft, und im Parlament fehlen sie.

Das dritte Problem, die Zunahme externer Schockmomente durch unvorhergesehene internationale Finanz-, Umwelt- oder Gesundheitskrisen wäre durch mehr Wissenschaftler in der Politik besser beherrschbar. Wissenschaftler können sich relativ schnell auf die neuen Herausforderungen einstellen, weil dies in ihrem Gebiet eine Standardsituation beschreibt. Immer wieder müssen Veränderungen zentraler Annahmen hingenommen, neue Erkenntnisse des eigenen Fachbereichs eingearbeitet und lang bekannte, vermeintlich gesicherte Erkenntnisse aufgegeben oder neubewertet werden. Wissenschaftler müssen sich daher immer wieder auf den neuesten Stand der Erkenntnisse bringen. Erkenntnisgewinn durch eigene Forschung kann neben der Politik als Beruf nicht geleistet werden. Die Erkenntnisse des eigenen Fachgebiets zu verfolgen und zu bewerten sollte aber zu schaffen sein. Für Wissenschaftler in der Politik dürfte es schon heute die Regel sein. Schockmomente in der Politik verlangen die Aufgabe alter Annahmen und die schnelle Suche nach oft komplett neuen Lösungen.

Das beste Beispiel ist die Corona-Pandemie. Ich glaube, dass sich gerade hier gezeigt hat, dass die Bedeutung von Wissenschaft für erfolgreiche Politik steigt. In der Pandemie blieb der Politik in Berlin oft nichts anderes übrig, als aktiv Wissenschaftler in die Entscheidungsprozesse mit einzubeziehen. Christian Drosten, Melanie Brinkmann, Henrik Streeck und andere waren aktiv in zahlreiche Entscheidungen eingebunden. Diese Kooperation war aus meiner Sicht extrem erfolgreich. Man darf sich aber nicht täuschen. Diese Lage ist eine Ausnahme. In anderen Bereichen wie zum Beispiel in der Energiewirtschaft, in der vorbeugenden Medizin, in der Verbraucherschutzpolitik und im großen Bereich des Klimaschutzes bindet der politische Betrieb in Berlin Wissenschaftler nicht im Ansatz so ein wie in der Coronakrise.

Das vierte Problem, die Zunahme der Komplexität der Entscheidungen, setzt Politiker oft dem massiven Lobbyismus für vermeintlich alternativlose Lösungen aus. In der Vorbereitung unserer Entscheidungen verbringen wir Politiker oft mehr Zeit mit Lobbyisten als mit Wissenschaftlern. Weil wir uns natürlich mit den Betroffenen unserer Gesetze auseinandersetzen müssen. Meine Beobachtung dabei aber ist es, dass im Gegensatz zur Politik gerade die Lobbygruppen immer stärker Wissenschaftler einsetzen, um ihre Anliegen zu vertreten. In den zahllosen Gesprächen, die ich mit Lobbyisten gerade im Bereich der Gesundheitspolitik führen musste, war ich immer wieder überrascht, wie viele Wissenschaftler auch mit hoher Reputation bereit waren, ganz offiziell als Gutachter oder im persönlichen, vertraulichen Gespräch in der Sache von Verbänden und Unternehmen vorzusprechen. Auch als deren Geschäftsführer arbeiten Wissenschaftler häufiger als in der Politik. Mehr Gegengewichte im Parlament sind daher dringend notwendig.

***

MEHR WISSENSCHAFTLER
IN DIE PARLAMENTE

Idee Wissenschaftler sollen häufiger politische Mandate übernehmen, auf allen Ebenen der Politik. Das hilft Regierung und Opposition, bevorstehende Krisen zu bewältigen. Mit der Problemlösungskompetenz der Politik steigt auch das Vertrauen in die Demokratie.

Effekt Wissenschaftler sind gewohnt, neue Erkenntnisse schnell und strukturiert aufzunehmen, in internationalen Netzwerken zu arbeiten und komplexe Sachverhalte zu durchdringen. Das wiederum hilft bei Krisen wie der Corona-Pandemie, wenn unter Zeitdruck interdisziplinär gehandelt werden muss.

Umsetzung Parteien und politische Institutionen müssen sich stärker um Wissenschaftler bemühen und attraktive Möglichkeiten schaffen. Zuletzt haben vor allem Lobbyorganisationen den wissenschaftlichen Sachverstand in ihren Reihen verstärkt. Dahinter sollte die Politik nicht zurückfallen.

***

Prof Dr. Karl Lauterbach ist seit 2005 Mitglied des Deutschen Bundestags für die SPD. Er hat Medizin und Epidemiologie sowie Gesundheitsökonomie in Deutschland und den USA studiert. Von 1998 bis 2005 war er Direktor des Instituts für Gesundheitsökonomie und Klinische Epidemiologie (IGKE) der Universität zu Köln. Seit 1996 lehrt er regelmäßig an der Harvard School of Public Health in Boston.

ZIVILGESELLSCHAFT UND STAAT: EIN TEAM FÜR SOZIALE INNOVATIONEN

Holke Brammer und Markus Sauerhammer

Gesellschaftliche Umbrüche erfordern neue Lösungen.
Eine starke Demokratie bindet dabei Bürgerinnen und Bürger aktiv ein.
Wie das gelingen kann, zeigt der *Open-Social-Innovation*-Ansatz.

Deutschland, Ende März 2020: Ein bis dato weitgehend unbekanntes Virus stellt den Alltag eines jedes Einzelnen auf den Kopf – und die Gesellschaft insgesamt vor riesige Herausforderungen. Beispiel Masken: Schnell ist klar, dass ein Mund-Nase-Schutz vor der Übertragung des Coronavirus schützen kann. Aber niemand weiß, wie man von einem auf den anderen Tag Millionen von Masken beschaffen soll. Sogar für medizinisches Personal sind die Masken knapp. Die Regierung steht vor einem großen Problem. Die Bürgerinnen und Bürger tun das auch. Also machen sie sich gemeinsam auf den Weg, um nach einer Lösung zu suchen. Einen Hackathon und 48 Stunden später ist eine von vielen gefunden: Die Plattform stayhomeandsew wird ins Leben gerufen. Sie zeigt Helferinnen und Helfern, wie sie selbst Alltagsmasken nähen können und welche Einrichtungen dringend Bedarf haben.

Die Idee ist nur eine von insgesamt über 1 500, die auf dem Hackathon *WirVsVirus* Ende März entwickelt wurden. Teilgenommen haben knapp 30 000 Menschen, die nicht nur über die Folgen der Pandemie lamentieren, sondern sich konkret an Lösungen für die entstandenen Herausforderungen beteiligen wollten. Die Themenbereiche reichten von »Digitalisierung der Prozesse in Gesundheitsämtern« über »Vereinfachung der Anträge zu Kurzarbeitergeld« und »Staatliche Krisenkommunikation im föderalen System« bis hin zu »Unterstützung im Homeschooling« und »Mentale Gesundheit in Zeiten der Isolation«. Viele Lösungen helfen jetzt, sechs Monate nach dem Hackathon, an unterschiedlichen Stellen in der Gesellschaft oder befinden sich in vielversprechenden Pilotierungen. Ziel des bislang weltweit größten Hackathons war es, gemeinsam mit der Bundesregierung Lösungen weiterzuentwickeln und zu testen sowie funktionierende Lösungen breitflächig umzusetzen.

#WirVsVirus war somit ein Experiment eines neuen Miteinanders zwischen Bürgerinnen, Bürgern und Regierung, um den Ideenreichtum der Zivilgesellschaft mit der Umsetzungskraft des Staates zu verbinden. Mit einem starken Effekt: Nach der digitalen Gemeinschaftsaktion gaben 57 Prozent der Teilnehmerinnen und Teilnehmer in einer Umfrage an, dass ihr Vertrauen in die Regierung durch den Hackathon gestärkt wurde. Für die Demokratie birgt dies eine große Chance: Was hier aus der Not heraus binnen kürzester Zeit entstanden ist, sollte dringend weiterentwickelt, etabliert und auf weitere gesellschaftliche Herausforderungen übertragen werden.

Unsere Gesellschaft steht vor großen Umbrüchen: Klimawandel, Mobilitätswende, Urbanisierung, digitale Transformation, Integration oder demografischer Wandel sind nur einige davon. Die Summe dieser Problemstellungen ist zu komplex, um sie allein mit dem traditionellen (oft linearen) Verständnis der Dinge zu lösen. So führt etwa der demografische Wandel nicht nur zu einer Verschärfung des Fachkräftemangels in Wirtschaft und Verwaltung, sondern durch einen höheren Anteil älterer Menschen gleichzeitig zu einem steigenden Bedarf an Fachkräften im Gesundheits- und Pflegesektor. Zudem verschiebt sich in den Systemen unseres Sozialstaates das Verhältnis von Beitragszahlenden und Empfängerinnen und Empfängern. Wollen wir diese und die vielen anderen Herausforderungen gesellschaftlich einigend lösen, brauchen wir neue Ansätze mit einer breiten Partizipation der Bürgerinnen und Bürger sowie Kooperationen mit der öffentlichen Verwaltung über Ressortgrenzen und föderale Grenzen hinweg.

Wenn wir die dezentrale Intelligenz der Bürgerinnen und Bürger aktivieren, können wir das Vertrauen der Menschen in Institutionen sowie die Bindungskraft in unser demokratisches System stärken. Bürgerinnen und Bürger wollen aktiver und gestalterischer Teil der Veränderung werden. Ihnen auf Augenhöhe begegnen, ihre konkreten Herausforderungen adressieren, ihre Lösungsvorschläge aufnehmen und gemeinsam handeln – all das schafft Vertrauen.

Mit neuen Gestaltungselementen wie Open Social Innovation lässt sich dies umsetzen. Open Social Innovation steht für einen breiten inklusiven Beteiligungsprozess (Open), um gesellschaftliche Herausforderungen (Social) mit neuen Lösungen (Innovation) zu adressieren. #WirVsVirus hat gezeigt, dass das in Deutschland nicht nur möglich ist, sondern riesiges Entfaltungspotenzial bietet. Das Verhältnis von Staat und Bürgerinnen und Bürger wurde dabei nicht nur neu gedacht, sondern neu gelebt. Daran sollten wir anknüpfen!

Bei Open Social Innovation steht stets die gesellschaftliche Wirkung der Lösung im Vordergrund. Unter Innovationen versteht man dabei nicht nur völlig neuartige Lösungen – auch die Übertragung von Lösungen aus anderen Bereichen, die Anwendung neuer Arbeitsweisen und die gezielte Verbesserung bestehender Lösungen gehören dazu. Innovationen sind nicht technologiegetrieben, sondern von Technologie unterstützt.

Die folgenden vier Bausteine sind essenziell für Open Social Innovation:

Baustein 1
Breiter Beteiligungsprozess

Welchen Problemen stehen die Menschen aktuell gegenüber? Was erlebt eine Unternehmerin, ein Pfleger oder eine Lehrerin? Um genau diese konkreten gesellschaftlichen Herausforderungen zu erfassen, werden in einem offenen Beteiligungsprozess unterschiedlichste Perspektiven gesammelt und systematisch in Handlungsfelder gegliedert. Auf diese Weise ergeben sich Prioritäten, die auf den Erfahrungswerten der Menschen beruhen. Zugleich sind alle dazu eingeladen, sich bei der anschließenden Entwicklung von Lösungen aktiv einzubringen.

Baustein 2
Schnelles, risikoarmes Erproben und Validieren

Dezentrale Intelligenz ist eine effektive Antwort auf die hohe Komplexität gesellschaftlicher Herausforderungen. Indem die Zivilgesellschaft parallel und koordiniert viele unterschiedliche Lösungsansätze ausprobiert, kann schnell und risikoarm in der Praxis getestet werden, was funktioniert und was nicht. Dem Feedback entsprechend lassen sich Lösungen stetig anpassen. Dieses Vorgehen ist wesentlich vielversprechender als langwierige, komplexe theoretische Gesamtkonzepte zu erarbeiten, die vor Fertigstellung schon veraltet sind.

Baustein 3
Neues Selbstverständnis der Beziehung zwischen Staat und Bürgerinnen und Bürgern

Der Staat löst Probleme nicht nur für oder durch die Bürgerinnen und Bürger, sondern gemeinsam mit ihnen. Sie können mit ihrem Engagement ihre innovativen Lösungsansätze unter Beweis stellen und diese, wo es sinnvoll ist, auch unmittelbar in staatliches Handeln einfließen lassen. Der Prozess ist Chance und Aufforderung zugleich, konstruktiv zur Problemlösung beizutragen. Es entsteht eine Community engagierter Bürgerinnen und Bürger. Die Distanz zwischen Staat und Bürgerinnen und Bürgern wird verringert.

Baustein 4
Zusammenarbeit ohne tradierte Grenzen

Bei Open Social Innovation arbeiten Menschen gemeinsam an Lösungen, die bisher meist nur bilateral und eher selten kooperiert haben. So werden die Verwaltungsebene von Bundes- über Landesministerien bis hin zu Oberbürgermeisterinnen und -bürgermeistern sowie Verbände und Stiftungen, Unternehmen und Universitäten involviert. Auf diese Weise kann eine Vielzahl an Kompetenzen effektiv eingebracht werden.

Umgesetzt werden die Bausteine in sechs Prozessschritten. Diese bauen aufeinander auf, finden in der Umsetzung aber teilweise parallel statt. Am Anfang stehen konkrete gesellschaftliche Herausforderungen, vor denen Bürgerinnen und Bürger oder zentrale Akteure wie die Verwaltung stehen (Schritt 1).

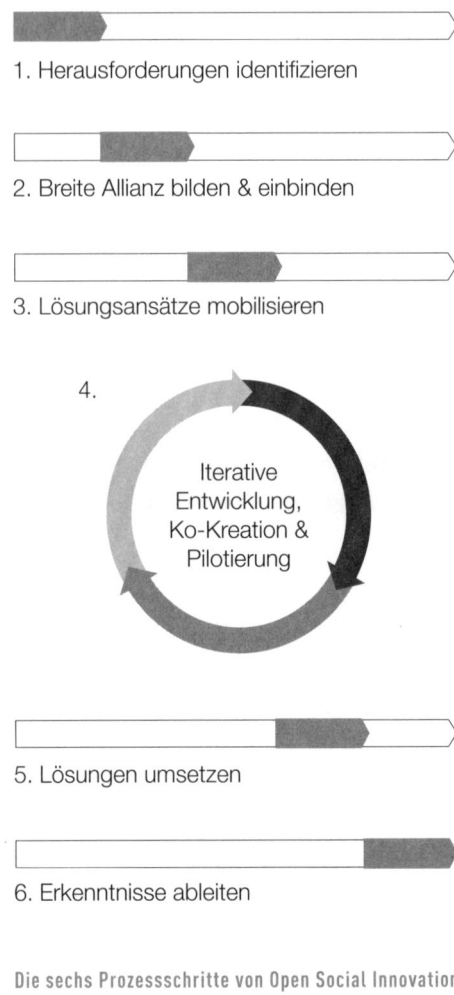

1. Herausforderungen identifizieren

2. Breite Allianz bilden & einbinden

3. Lösungsansätze mobilisieren

4. Iterative Entwicklung, Ko-Kreation & Pilotierung

5. Lösungen umsetzen

6. Erkenntnisse ableiten

Die sechs Prozessschritte von Open Social Innovation

Quelle: ProjectTogether

Die zentralen Akteurinnen und Akteure in dem jeweiligen gesellschaftlichen Themenbereich, wie Unternehmen, zivilgesellschaftliche Organisation und die Verwaltung, werden von Beginn an eingebunden (Schritt 2). So wird die Akzeptanz des Prozesses und der entstehenden Lösungen erhöht. Zusammen mit den Akteurinnen und Akteuren wird eine Vielzahl an möglichen Lösungsansätzen aus der Zivilgesellschaft entwickelt (Schritt 3). Eine Einschätzung, welcher Ansatz der beste ist, wird nicht vorweggenommen. Stattdessen werden die Ansätze im Kleinen getestet und mithilfe von Feedback der Nutzerinnen und Nutzer weiterentwickelt (Schritt 4). Die Lösungen, die funktionieren und ihr gesellschaftliches Wirkungspotenzial bewiesen haben, werden breitflächig umgesetzt und in bestehende Systeme eingebaut (Schritt 5). Zusätzlich werden Erkenntnisse von allen getesteten Lösungen abgeleitet, die zum Beispiel für zukünftige Gesetzgebung genutzt werden (Schritt 6).

Dieser Prozess gelingt jedoch nur mit einem offenen und lernenden Staat. Offen bedeutet zweierlei: Erstens, der Staat bindet Bürgerinnen und Bürger bei der Identifikation der Herausforderungen mit ein. Er traut sich, offene Fragen zu stellen, anstatt direkt Antworten zu geben. Zweitens, der Staat nimmt Lösungsansätze aus der Gesellschaft auf bzw. entwickelt diese gemeinsam mit der Zivilgesellschaft. Diese Offenheit ist essenzieller Teil eines neuen Miteinanders.

Ein lernender Staat ist bereit, Ideen für soziale Innovationen zu unterstützen – auch wenn einiges misslingt. Nachdem Lösungen getestet und validiert wurden, ist es entscheidend, dass sie breitflächig umgesetzt werden. Dabei gibt es verschiedene Umsetzungswege. Diese reichen von der Gründung eines For-Profit-Unternehmens, eines Sozialunternehmens oder einer Non-Profit-Organisationen über die Übernahme durch etablierte Institutionen der Zivilgesellschaft bis zur Umsetzung durch den Staat selbst. Entscheidend dafür ist die Frage, welcher Weg der wirksamste für die jeweilige Lösung ist.

Unabhängig vom Umsetzungsweg wird »gesellschaftliches Risikokapital« für das Austesten von Lösungen in der Frühphase benötigt, das vom Staat bereitgestellt werden sollte. Das Risiko besteht darin, dass viele der finanzierten Lösungen nicht funktionieren – welche das sind, weiß vorab niemand. Es wird bewusst eingegangen, denn die funktionierenden Lösungen bieten einen so hohen gesellschaftlichen Mehrwert, dass eine Gesamtförderung gerechtfertigt ist. Ohne die Förderung durch den Staat werden derzeit Lösungen bestimmter Formen, wie For-Profit-Unternehmen, bevorzugt. Jedoch lassen sich nicht alle Herausforderungen auf diese Weise lösen.

Zugleich sollte der Staat langfristige Mittel für eine mögliche Verstetigung funktionierender Lösungen in der Verwaltung bereitstellen, die nicht durch private Akteurinnen und Akteure umgesetzt werden.

Neben der Finanzierung sollte der Staat die Lösungsansätze mit seiner gesamten Fachexpertise unterstützen – unabhängig von starren Zuständigkeiten. Herausforderungen fallen nicht automatisch in nur ein Referat eines Ministeriums oder eine Verwaltungseinheit im föderalen System. Daher ist die Zusammenarbeit auch innerhalb des Staates gefordert. Dies wird durch Open Social Innovation begünstigt: Eine gemeinsame Ausrichtung aller Akteurinnen und Akteure entsteht durch gemeinsame Herausforderungen und das Validieren von Lösungsansätzen. Zielvorgaben von Referaten sollten sich zum Beispiel an gemeinsamen Herausforderungen orientieren, sodass Anreize zur ressortübergreifenden Zusammenarbeit entstehen.

Ein lernender Staat verknüpft Open Social Innovation außerdem eng mit der Gesetzgebung. Auf diese Weise können die gebündelten Erkenntnisse in die Gesetzgebung einfließen, um etwa Rahmenbedingungen so anzupassen, dass wirksame Lösungen breitflächig umgesetzt werden. Zudem können einzelne Initiativen ganz konkret verschiedene politische Maßnahmen testen (»Policy Prototyping«). Die Ergebnisse der praktischen Umsetzung können im Gesetzgebungsprozess besser berücksichtigt werden. Maßnahmen werden effektiver.

Das Prinzip von Open Social Innovation wird nicht zuletzt auf den Prozess selbst angewendet: Er sollte selbst iterativ und gemeinsam mit den zentralen Akteurinnen und Akteuren weiterentwickelt werden und mit einer sozialen Innovationsstrategie für Deutschland verbunden werden. Dies kann in zwei Schritten erfolgen:

Schritt 1 Im Bundeskanzleramt sollte ein Koordinationsteam für Open Social Innovation aufgebaut werden. Analog dazu dienen in den einzelnen Ministerien Innovationsteams als Schnittstelle zwischen dem Koordinationsteam, zivilgesellschaftlichen Initiativen und den jeweils zuständigen Referaten. Für eine bedarfsgerechte Finanzierung der vielversprechendsten Initiativen sollte ein Social-Innovation-Fonds eingerichtet werden. Ein Gremium aus Zivilgesellschaft, Wissenschaft und Politik entscheidet über die Vergabe dieser Mittel. Eine unabhängige Evaluation bewertet die Wirkung der Projekte. Zudem sollen Erfolgsfaktoren und Hindernisse in der Entwicklung, Pilotierung und Umsetzung erfasst werden. Die Evaluationsergebnisse resultieren in einer regelmäßigen Neugestaltung des Open-Social-Innovation-Prozesses.

Schritt 2 Die Bundesregierung entwickelt – analog zu ihrer Hightech-Strategie – eine soziale Innovationsstrategie für Deutschland und setzt diese um. Sie unterstützt den Aufbau sozialer Innovationszentren in den Kommunen und fördert so die Entwicklung regionaler und thematischer Innovationscluster. Zudem sollte sie bedarfsgerechte Finanzierungs- und Förderinstrumente für unterschiedliche Entwicklungsstufen von Lösungen entwickeln – ähnlich staatlichen Programmen der Startup- und Innovationsförderung im gewerblichen Kontext. Wie in vielen anderen Ländern bereits Usus, könnten zum Beispiel sogenannte »nachrichtenlose Vermögenswerte« dafür verwendet werden. Sie stammen aus Geldanlagen, bei denen Banken und andere Finanzdienstleister den Kontakt zu den Kontoinhaberinnen und -inhabern verloren haben, da diese zum Beispiel verstorben sind und keine Erben ausfindig gemacht werden konnten. Auf diese Weise erfolgt die Finanzierung kostenneutral für die Steuerzahlenden.

Durch eine konsequente Umsetzung und stetige Weiterentwicklung von Open Social Innovation kann Deutschland zum Vorreiter für soziale Innovationen werden und so effektiv das gesamtgesellschaftliche Problemlösungspotenzial entfalten, das *#WirVsVirus* eindrücklich aufgezeigt hat. Davon profitieren alle: der Staat, unsere Demokratie, die Gesellschaft und vor allem zukünftige Generationen!

***

EIN NEUES MITEINANDER VON
STAAT UND BÜRGERSCHAFT

Idee Die Bürgerinnen und Bürger unterstützen den Staat bei der Identifikation von Problemen und beteiligen sich aktiv an der Lösungsfindung. Die Ansätze werden getestet und über Nutzerfeedback stetig verbessert.

Effekt Bürgerinnen und Bürger werden ein aktiver und gestalterischer Teil von Veränderungen. Der Staat begegnet ihnen auf Augenhöhe und nimmt ihre Lösungsansätze auf. Dadurch wird das Vertrauen in Institutionen und in die Demokratie gestärkt. Der Hackathon »WirVsVirus« hat Ende März 2020 gezeigt, dass dies in Deutschland gut gelingen kann.

Umsetzbarkeit Neue Formate wie Hackathons und andere Elemente von Open Social Innovation ermöglichen schnelle Lösungen. Ein neu geschaffenes Team im Bundeskanzleramt sollte diese Innovationen koordinieren. Über einen neu eingerichteten Social-Innovation-Fonds können sie bedarfsgerecht finanziert werden.

✳✳✳

Holke Brammer ist Strategic Program Lead bei der gemeinnützigen Organisation *ProjectTogether*, die Open-Social-Innovation-Programme wie den Hackathon *#WirVsVirus* und dessen sechsmonatiges Umsetzungsprogramm plant und koordiniert.

Markus Sauerhammer ist erster Vorstand beim Social-Entrepreneurship-Netzwerk Deutschland (SEND), dem Netzwerk und Sprachrohr innovativer Sozialunternehmerinnen und -unternehmer.

GERECHTE DEMOKRATIE DURCH PERSPEKTIVENVIELFALT

Julia Borggräfe

Die Interessen vieler Bürgerinnen und Bürger werden von der Politik nicht ausreichend berücksichtigt. Das lässt sich einfach und schnell ändern: Mithilfe von agilen Arbeitsmethoden können möglichst vielseitige Perspektiven in die Gesetzgebung einfließen.

Fragt man Bürgerinnen und Bürger in Deutschland, wie sie zur Demokratie stehen, erhält man eine erstaunliche Antwort: Sie sind mehrheitlich nicht sehr begeistert von ihr – aber nicht etwa, weil sie ein anderes, autoritäreres System bevorzugen würden, sondern weil sie sich mehr Demokratie wünschen.

Dem Projekt »Für ein besseres Morgen« der Friedrich-Ebert-Stiftung zufolge ist weniger als die Hälfte der Menschen damit zufrieden, wie die Demokratie in unserem Land funktioniert. Vor allem sozial schlechter gestellte Bürgerinnen und Bürger haben demnach wenig Vertrauen in die politischen Prozesse und Ergebnisse. Dazu zählen mehr als 70 Prozent derjenigen, die sich selbst der Arbeiter- oder Unterschicht zuordnen, und 67 Prozent der Menschen mit geringem Einkommen. Sie kritisieren vor allem, wie das repräsentative System funktioniert, und wünschen sich deutlich mehr Möglichkeiten, sich politisch zu beteiligen.

Aus dieser und vergleichbaren Studien lässt sich – zumindest für Deutschland – die These ableiten: Es gibt ein grundsätzliches Ja zum demokratischen System, aber mit dem deutlichen Veränderungswunsch hin zu mehr Bürgerbeteiligung.

Doch was genau ist eigentlich »Beteiligung«? Welche Beteiligungsmöglichkeiten gibt es im aktuellen repräsentativen Demokratiemodell, wie es in der Bundesrepublik praktiziert wird? Ist Beteilung schon dann erreicht, wenn Politikerinnen und Politiker besonders gut zuhören? Oder braucht es neue Formen der Beteiligung? Und: Vertragen sich ausgeprägte Beteiligungsmodelle überhaupt mit der repräsentativen Demokratie?

Dem Wesen der repräsentativen Demokratie ist immanent, dass Bürgerinnen und Bürger nicht höchstpersönlich in politische Entscheidungsprozesse involviert sind, sondern die Entscheidungen »Stellvertretern« überlassen: Parteien, Verbänden und Initiativen. Doch was ist, wenn Bürgerinnen und Bürger weder einer Partei noch einem Verband und auch keiner Initiative angehören (zumal Verband und Initiative so bedeutend sein müssen, dass sie in politische Entscheidungsprozesse einbezogen werden)? Kommen sie im politischen Entscheidungsfindungssystem dann überhaupt vor?

Schaut man sich die Zusammensetzung des Deutschen Bundestages an, kommt man zumindest schnell zu dem Ergebnis, dass die Zusammensetzung der Abgeordneten kein Abbild der Bevölkerung darstellt. Insbesondere Frauen, Bürger/Bürgerinnen mit Migrationshintergrund und Menschen ohne akademischen Abschluss sind deutlich unterdurchschnittlich vertreten.

Was bedeutet dies für die Frage, wessen Interessen umgesetzt werden, und somit für die Repräsentanz der Bürgerinnen und Bürger in der parlamentarischen Demokratie?

Aus einem Forschungsbericht von 2015 der Universität Osnabrück für das Bundesministerium für Arbeit und Soziales (BMAS) scheint sich zumindest für einen Aspekt ein relativ klares Muster zu ergeben: Die Interessen und Präferenzen derjenigen, denen es besser geht, werden sehr viel häufiger umgesetzt, als die derjenigen, die über weniger Ressourcen verfügen.

Dies spiegeln auch die Ergebnisse der FES-Studie: Danach haben vor allem sozial schlechter gestellte Bürgerinnen und Bürger wenig Vertrauen in die politischen Prozesse und Ergebnisse.

Die Beteiligung von Verbänden an der Vorbereitung von Gesetzesvorlagen der Bundesregierung ist gängige Praxis. Zweck dieser Beteiligung ist es, dem zuständigen Ressort der Bundesregierung durch die Stellungnahmen der Verbände die Gelegenheit zu geben, die Interessen der Betroffenen zu berücksichtigen sowie mögliche Fehler des Gesetzentwurfs oder unzutreffende Sachverhaltsannahmen möglichst frühzeitig zu korrigieren.

Die Annahme hinter dieser Einbeziehung ist, dass durch die Interessenbündelung in den Interessenvertretungen wichtige Perspektiven in den Gesetzgebungsprozess eingebracht werden können, die der Gesetzgeber mangels eigener Kenntnis bisher nicht als relevant in Betracht gezogen hat. Bei der Einbeziehung von Interessenvertretungen handelt es sich also um eine wichtige Ergänzung im Rahmen eines demokratischen Gestaltungsprozesses.

Doch wie ausgeprägt ist die Repräsentanz der Bürgerinnen und Bürger durch die in die Gesetzgebungsverfahren einbezogenen Interessenvertretungen?

Nimmt man beispielsweise den Bereich der Arbeitswelt, sind aktuell rund 44,9 Mio. Erwerbstätige mit Wohnort in Deutschland registriert. Davon sind gerade einmal ca. 7,3 Mio. in Gewerkschaften organisiert, also ca. 16 Prozent aller abhängig Beschäftigten. Bei den Arbeitgeberverbänden sieht es nicht besser aus: Nur noch 56 Prozent (West) bzw. 45 Prozent (Ost) der Unternehmen sind tarifgebunden. Dazu kommt: Zum einen scheint es stellenweise eine Entfremdung zwischen Vertretenen und Interessenvertretern zu geben, zum anderen eine Zersplitterung auf Seiten der einstmals viele Interessen bündelnden Verbände. Zunehmend etablieren sich kleine Spartenverbände, die für sich in Anspruch nehmen, flexibler und fokussierter zu agieren. Beispiel Digitalwirtschaft: Neben den großen Verbänden Bitkom, Eco und BVDW haben sich auch private Investoren im Business Angels Netzwerk und junge Unternehmen im Start-up-Verband zusammengeschlossen; daneben gibt es einen Bundesverband Bitcoin und einen Verband für künstliche Intelligenz.

Dies ist nicht als Schwäche der repräsentativen Demokratie zu betrachten, sondern als Entwicklung einer Gesellschaft, die sich immer stärker ausdifferenziert und im politischen Entscheidungsprozess die Berücksichtigung ihrer – zum Teil sehr unterschiedlichen – Bedürfnisse vertreten sehen möchte. Junge Menschen, Bürgerinnen und Bürger mit Migrationshintergrund, Frauen und Gruppen mit kaum vernehmbarer politischer Lobby (wie z. B. die zwei Millionen Alleinerziehenden in Deutschland), Beschäftigte mit geringem Einkommen und viele andere sehen sich im aktuellen System nicht oder nicht ausreichend vertreten. Demokratische Repräsentanz verlangt aber, dass nicht nur die Interessen einiger weniger, sondern die Interessen aller Repräsentierten gleichermaßen Einfluss auf die politischen Entscheidungen der Regierenden haben müssen. Dabei können partizipative Formate helfen. Sie sollen nicht dazu führen, die repräsentative Demokratie durch eine direkte Demokratie zu ersetzen, sondern im Gegenteil Erstere ergänzen und stärken.

Es gibt bereits gelungene Beispiele, wie partizipative Formate die Demokratie stärken können. Partizipation wird dabei nicht als »anhören«, sondern als »mitgestalten« verstanden.

So hat die Stadt Boston beispielsweise das »Youth Lead the Change«-Programm aufgesetzt, mit dem Jugendliche ab zwölf Jahren über das Stadtbudget mitentscheiden dürfen. Hintergrund für das Aufsetzen des Programms war, dass Jugendliche unter 25 Jahren unterdurchschnittlich oft wählen gehen und sich wenig von den politischen Repräsentanzen vertreten fühlen. Das Projekt war ein durchschlagender Erfolg und wird nun nicht nur weitergeführt, sondern auch von anderen Städten in den USA kopiert.

In Irland haben Bürgerversammlungen die Referenden zur »Ehe für alle« und zum Abtreibungsrecht vorbereitet. Voraussetzung für die nachhaltige Akzeptanz dieses Vorgehens war, dass sämtliche Teile der Bevölkerung in diesen Gremien repräsentiert wurden. Emotionsgeladene Debatten wurden so versachlicht und gesellschaftliche Konflikte entschärft. Letztendlich parlamentarisch getroffene Entscheidungen erhalten so eine deutlich breitere gesellschaftliche Akzeptanz.

Besonders weit ist die Regierung in Ostbelgien vorgeprescht: 2019 wurde ein Bürgerrat als eine Art zweite Kammer installiert. Parlament und Regierung müssen auf die Vorschläge des Bürgerrats reagieren und begründen, wenn diese nicht umgesetzt werden. Bei der Auswahl wurde versucht, die Gesellschaft möglichst breit abzubilden: alt und jung, höher und niedriger gebildet, weiblich und männlich, sozioökonomische Lage, Wohnort. Alle sechs Monate wird ein Drittel des Bürgerrats ausgetauscht.

In deutschen Kommunen gibt es bereits viele gelungene Beispiele von Bürgerbeteiligung. Beispielsweise gelten seit Juli 2012 in Heidelberg die »Leitlinien für eine mitgestaltende Bürgerbeteiligung«. Diese regeln, unter welchen Bedingungen die Bürgerinnen und Bürger einbezogen werden und welche Ressourcen die Kommune für die Beteiligung bereitstellt. So wird frühzeitig und transparent über wichtige Projekte und Planungen der Kommune informiert. Die Verwaltung und Kommunalpolitik wird mittlerweile deutlich positiver wahrgenommen und Konflikte können früher und besser offengelegt und bearbeitet werden. Gleichzeitig wurde aber auch deutlich, dass es Bürgerbeteiligung nicht »umsonst« gibt: der Personal- und Organisationsaufwand steigt, es werden zusätzliche finanzielle Ressourcen benötigt.

Auf gesetzgeberischer Ebene können – so die Themen dafür geeignet sind – partizipative Prozesse dem klassischen Anhörungsverfahren der Interessenvertretungen vorgeschaltet werden. So lassen sich beispielsweise Eckpunkte für ein Gesetzesvorhaben durchaus auch mit agilen Methoden (z. B. Design Thinking, Theory U) erarbeiten, die wiederum Grundlage für den weiteren Gesetzgebungsprozess sein können. Dabei wird der »klassische« Prozess nicht ersetzt, sondern ergänzt.

Bereits vor Beginn des klassischen Gesetzgebungsvorgangs (Referentenentwurf, Sozialpartneranhörung, Ressortkoordinierung etc.) können Anwenderinnen und Anwender eines Gesetzes partizipativ je nach ihrem Bedarf mögliche Anpassungen erarbeiten. Ergänzend dazu schaffen »User Journeys« ein Verständnis davon, wie die Anwendenden mit den Gesetzesänderungen in Berührung kommen werden und welche Implikationen dies haben könnte. Auch lässt sich hiervon ableiten, welche begleitenden Maßnahmen ergriffen werden müssen, um ein Gesetz/eine Gesetzesänderung zu flankieren, sei es, um ein besseres Verständnis zu erzeugen oder das Wissen über Möglichkeiten neuer Gesetze zu skalieren. Beides verhilft am Ende zu mehr Effizienz und Wirksamkeit.

Auf diese Weise hat das BMAS jüngst die Eckpunkte für ein Gesetz zur Regulierung der Arbeit in der Plattformökonomie erarbeiten lassen. In einem Workshop haben insgesamt 40 Teilnehmende aus allen gesellschaftlichen Bereichen mittels agiler Methoden ihre Bedürfnisse und Anregungen eingebracht. Beteiligt waren nicht nur Arbeitgeberverbände und Gewerkschaften, sondern auch Betroffene, die nicht organisiert sind, Wissenschaftlerinnen und Wissenschaftler, Expertinnen und Experten, Juristinnen und Juristen sowie die Betreiber von Internetplattformen wie etwa Reinigungs- oder Lieferdienstleister.

Der Charme dieses Vorgehens ist, dass Aspekte, die aus oben genannten Gründen keine Berücksichtigung im normalen Gesetzgebungsverfahren finden, bereits im Vorfeld in die Überlegungen einfließen können: Ein agil arbeitendes Team kann nämlich deutlich diverser zusammengesetzt sein als die anzuhörenden Interessenvertretungen und damit eine möglichst vielfältige Perspektive auf ein Thema ermöglichen.

Auch bei Vorhaben, die Ziele jenseits von Gesetzesänderungen verfolgen, bietet sich ein solches Vorgehen an: Die gemeinsame Erarbeitung von »Prototypen« durch Ministerien und die Betroffenen stellt sicher, dass die Nutzerperspektive von vornherein berücksichtigt wird und das Ergebnis tatsächlich erfolgreich in die Anwendung kommt. Nicht umsonst setzt die Bundesagentur für Arbeit bereits seit mehreren Jahren auf sogenannte »User Journeys« bei der Entwicklung ihrer IT-Prozesse: Sie bezieht den gesamten Pfad ein, den Klientinnen und Klienten beim Kontakt mit der Agentur für Arbeit durchlaufen. Auch die Deutsche Rentenversicherung hat im Bereich der Riester-Rente agile Arbeitsmethoden mittlerweile als Standard etabliert.

Wie kann dieses »agile Vorgehen« im Einzelnen aussehen? Im Bundesministerium für Arbeit und Soziales wurde beispielsweise der Aufbau und die Struktur des für die in dieser Legislaturperiode neu eingerichtete Arbeitsweltberichterstattung partizipativ erarbeitet.

Die Arbeitsweltberichterstattung besteht zum einen aus einem Arbeitswelt-Portal, in dem aktuelle Trends und Entwicklungen auf dem Arbeitsmarkt aufbereitet und präsentiert werden, zum anderen aus einem Bericht des Rats der Arbeitswelt, der einmal jährlich zu aktuellen Schwerpunktthemen erscheint.

Ausgangspunkt war der Gedanke, dass die Nutzerinnen und Nutzer des Portals sowie des Berichts insbesondere Vertreterinnen und Vertreter aus der Praxis (Personal- und Strategieverantwortliche, Betriebsräte, interessierte Beschäftigte), Vertreterinnen und Vertreter der Sozialpartner sowie Wissenschaftlerinnen und Wissenschaftler sein werden. Daher haben wir uns entschlossen, den Prototyp gemeinsam mit der Zielgruppe zu entwickeln. Im Rahmen eines Workshops mit Personalverantwortlichen aus Unternehmen, Betriebsrätinnen und Betriebsräten, Wissenschaftlerinnen und Wissenschaftlern, Vertreterinnen und Vertretern von Gewerkschaften sowie Arbeitgebern haben wir gemeinsame Leitplanken für den Aufbau der Arbeitsweltberichterstattung entwickelt. Diese basieren im Wesentlichen auf Personas, d. h. fiktiven

Profilen von Nutzerinnen und Nutzern, deren Bedürfnisse und Arbeitsweisen in den Aufbau einer entsprechenden Architektur einfließen. Zweck bei dieser Methode ist, dass das Angebot besonders gut auf die Bedürfnisse der Nutzergruppen eingeht und damit einen erheblichen Mehrwert darstellt.

Sowohl bei der partizipativen Vorgehensweise im gesetzlichen wie der im untergesetzlichen Bereich gibt es ein wesentliches Erfolgskriterium: Die agilen Methoden lassen einen Perspektivwechsel zu, der im klassischen Verfahren so nicht vorgesehen ist. Durch diesen Perspektivwechsel entsteht gegenseitiges Verständnis und die Möglichkeit, eine Ergebnisidee auf kleinstem gemeinsamem Nenner zu formulieren, die von allen gemeinsam getragen wird. Dieses Vorgehen, auch »minimal viable product – minimal funktionsfähiges Produkt (mvp)« genannt, kann dann dem klassischen Prozess vorgeschaltet werden, so dass dieser nicht ersetzt, sondern multiperspektivisch ergänzt wird.

Ob Partizipation auf kommunaler oder auf Bundesebene, eines ist entscheidend dafür, dass diese Prozesse tatsächlich demokratiestärkend wirken: Da Teilnehmende von Beteiligungsprozessen oftmals auch die Umsetzung und Beachtung ihrer Vorschläge und Ideen erwarten, ist es wichtig, ein klares Erwartungsmanagement zu betreiben – denn die Vorschläge und Ideen sind nicht immer umsetzbar. Deswegen ist es wichtig, dass es eine gute sowie professionelle Prozessgestaltung und Moderation im jeweiligen Beteiligungsformat gibt. Die realistischen Möglichkeiten des Beteiligungsprozesses müssen diskutiert und Feedbackschleifen im weiteren Prozess eingeplant werden.

Um dies zu gewährleisten, ist Methoden-Know-how Voraussetzung. Wer mit agilen Teams arbeiten möchte, sollte sich in der Anfangsphase von ausgebildeten Coaches begleiten lassen.

Gleichzeitig ist es wichtig, das Wissen in der eigenen Organisation aufzubauen. Im Bundesministerium für Arbeit und Soziales haben wir daher damit begonnen, 15 Beschäftigte zu agilen Coaches auszubilden. Alle zukünftigen agilen Coaches haben sich auf die einjährige Ausbildung beworben – mit expliziter Unterstützung ihrer Abteilungsleiterinnen und Abteilungsleiter. Denn nur so lässt sich eine breite Akzeptanz der Methoden und deren Anwendung auf eigene Projekte sicherstellen. Ziel ist es, dass sich die Coaches auch nach der Fortbildung gegenseitig unterstützen und die Arbeitsmethoden im Haus als Multiplikatoren etablieren.

Beteiligungsformate sind also mehr als reine Anhörungsformate: Sie lassen Mitgestaltung zu und stärken dadurch gleichzeitig das Vertrauen der Bürgerinnen und Bürger in demokratische Strukturen und Institutionen. Sie sind weder Konkurrenz zu gewählten Organen noch zielen sie auf eine direkte Demokratie – letztendlich geht es vielmehr darum, die repräsentative Demokratie repräsentativer zu machen, indem die Diversität der Gesellschaft ihren Weg in politische Entscheidungsprozesse findet. Um dies zu erreichen, braucht es Mut zu Experimenten, die die Demokratie stärken und weiterentwickeln. Bei allen Beteiligten.

***

Idee Agile Arbeitsmethoden wie Design Thinking oder Theory U müssen in politischen Prozessen selbstverständlich zum Einsatz kommen. Mithilfe von »User Journeys« (Methode, die Berührungspunkte der Nutzer nachverfolgt) und »Personas« (Prototyp für eine Nutzergruppe) können beispielsweise Arbeitsrechtsgesetze anwendungsfreundlicher und bedarfsgerechter gestaltet werden.

Effekt Gesellschaftliche Gruppen, die keine vernehmbare Lobby haben oder keiner klassischen Interessenvertretung angehören, können besser in den Gesetzgebungsprozess einbezogen werden. Dadurch kann Politik besser auf die Bedürfnisse aller eingehen. Das Vertrauen in die politischen Prozesse steigt und die repräsentative Demokratie wird gestärkt.

Umsetzbarkeit Die kommende Regierungskoalition sollte die agilen Beteiligungsformate stärken und ausbauen. Denn die Praxis zeigt: Viele Formate werden bei der Erarbeitung von Gesetzeseckpunkten oder bei kommunalpolitischen Entscheidungen schon erfolgreich eingesetzt.

***

Julia Borggräfe ist promovierte Juristin und leitet seit 2018 die neu geschaffene Abteilung »Digitalisierung und Arbeitswelt« im Bundesministerium für Arbeit und Soziales. Zuvor war sie Senior Vice President Human Resources & Corporate Governance der Messe Berlin, Head of HR Western Europe Sales & Financial Services der Daimler AG und hat die Change-Beratung autenticon mitgegründet.

ZEIT FÜR EINEN KLIMARAT

Felix Creutzig

Klimaschutzpolitik funktioniert nur mit breitem gesellschaftlichem Rückhalt.
Eine Klimadividende und neu geschaffene Klimaräte
erzeugen Vertrauen und stärken die Demokratie.

Der Klimaschutz ist eine Überlebensfrage der Menschheit. Schon jetzt schwindet das Eis der Arktis rapide, tauen Permafrostböden auf, trocknet der Amazonas aus, brennt Kalifornien. Das sind die Folgen der vergangenen menschlichen Treibhausgasemissionen, unsere heutigen werden noch dramatischere Folgen in Gang setzen. Unter diesen Umständen würde man meinen, dass sich Bürgerinnen und Bürger, Unternehmen, Staaten, eine jede und ein jeder zusammensetzen sollte, um eine Lösung für diese Zukunftsaufgabe zu finden. Und in der Tat: Die Mehrheit der bundesdeutschen Bürgerinnen und Bürger sieht den Klimaschutz mittlerweile als drängendstes Thema.

Und trotzdem enden politische Prozesse im Bereich des Klimaschutzes häufig im unbefriedigenden Nirvana oder werden gar populistisch instrumentalisiert. Klimapolitik gerät so zum Spielball von ideologischen Lagern und schürt absurderweise den bereits bestehenden Unmut über die Demokratie. Sie ist speziell im angelsächsischem Raum, angeführt von den USA, Großbritannien und Australien, in der Krise, gekennzeichnet durch die Polarisierung des öffentlichen Diskurses, die Auflösung der Gewaltenteilung, und das Beschneiden der Rule of Law. Auch in Deutschland zeigen 10–20 Prozent der Bevölkerung antidemokratische Impulse, insbesondere bei der rechtsradikalen AfD, den rechtsesoterischen COVID-Protesten sowie den QAnon-Anhängern, verbunden über einen latenten oder offenen Antisemitismus. Doch woher kommt dieser Unmut auf die Demokratie, der sie sogar in überlebenswichtigen Fragen lähmt?

Ohne Anspruch auf Vollständigkeit zeigen sich mindestens drei zugrunde liegende Ursachen: große Ungleichheit, mangelndes Vertrauen und der Wunsch nach Selbstwirksamkeit.

Die Welt ist Zeuge der ungleichsten Vermögensverteilung seit 100 Jahren, die verschiedene Ursachen hat: neue Monopolstrukturen insbesondere im Datenmanagement, eine unzureichende Regulierung des Banken- und Investmentsektors sowie die Kapitalbildung durch Immobilien nach dem Matthäusprinzip – den wohlhabenden Erben wird gegeben. An einem Ende des Spektrums konnte der reichste Mann der Welt während der Coronakrise sein Vermögen um ein Drittel vermehren, während am anderen Ende seine Lagerhallenarbeiter für Niedrigstlohn mit Daten und Algorithmen überwacht werden, dass sie auch ausreichend liefern. Für die Demokratie ist dabei problematisch, dass existierende Parteienstrukturen den Niedriglohnsektor, die Arbeitslosen und Nicht-Akademiker nicht mehr repräsentieren. Während sozialdemokratische Parteien nach dem zweiten Weltkrieg Arbeiter vertraten, haben sie sich heute zu Parteien der Akademiker entwickelt, womit das moderne Proletariat und teils auch das Prekariat ohne politische Stimme verbleibt.

Daraus ergibt sich die erste Lehre an der Schnittstelle von Demokratie und Klimaschutz: Klimaschutz muss immer auch gerecht sein. Sonst werden populistische Kräfte bestehende Ungerechtigkeiten auf den Klimaschutz projizieren.

Eng damit einhergehend, aber nicht identisch, ist unzureichendes Vertrauen in »die Politik« und »die Medien«. Vergangene Umbrüche, etwa nach der Wende, haben bei einigen das Misstrauen hinterlassen, dass ihre Interessen vernachlässigt werden, selbst wenn materieller Wohlstand gewährleistet ist. Eine endlose Berieselung mit Werbung, die mehr verspricht, als sie hält, hat uns zynisch bezüglich mancher medialer Kommunikation werden lassen – allzu oft trifft dies auch die Politik. Gesellschaftliches Vertrauen in Politik ist jedoch eine Grundvorausetzung gesellschaftlicher Stabilität, eine stützende Säule insbesondere auch der nordischen Demokratien und damit eine Voraussetzung für erfolgreiche Klimapolitik. Vertrauen entsteht nicht aus dem Nichts heraus: Politik, die unvoreingenommen und unparteiisch für alle gleichermaßen gilt, schafft Vertrauen. Genauso wichtig ist, dass alle Stimmen gehört werden, auch wenn eine vollständige Berücksichtigung nicht immer möglich ist. Mehr noch: Eine aktive Beteiligung an dem Design von Lösungen ermöglicht auch Lernprozesse, die über passive, monodirektionale Berichterstattung nicht stattfinden.

Als zweite Lehre ergibt sich also, dass Klimapolitik Regeln braucht, die für alle gleichermaßen gelten. Die Klimalösungen müssen wiederum über Diskussion und Deliberation mit Bürgerinnen und Bürgern gefunden werden.

Daran schließt der dritte Baustein an: die Rolle des Einzelnen. Menschen wollen auch in einer immer komplexer erscheinenden Welt Selbstwirksamkeit erfahren. Gleichzeitig fordert ihnen diese komplexe Welt einiges an Ambiguitätstoleranz ab: Gerade der Klimawandel, aber auch die aktuelle Pandemie, der Prozess der Digitalisierung und das soziale

Aufbegehren bisher unterdrückter Gruppen bringen bisherige Ordnungen ins Wanken. In manchen Ländern, besonders in Russland, den USA und mittlerweile auch in Großbritannien, werden objektive Fakten durch die Machthaber als »Fake News« in Frage gestellt; eine perfide Strategie, die bewusst und prinzipiell Vertrauen in politische Prozesse untergräbt. Auch mit COVID-19 zieht viel Unsicherheit in unser Leben ein. Doch es bedarf der Übung, mit solcher Ambiguität umzugehen. Unter diesen Umständen steigt der Wunsch nach Zugehörigkeit und Sicherheit, die die Wirklichkeit nicht zu bieten hat. Kein Wunder also, dass wir in einem neuen Zeitalter der Verschwörungstheorien leben, zusammengehalten von QAnon, geboren in den dunklen Ecken des Internets. Sie ist eine Art Dachverschwörungstheorie, die alle anderen flexibel in sich aufnimmt, von JFK über 9/11 zu Impfschutz und Pizzagate, und nicht zuletzt hinter Klimaschutz und Corona-Schutzmaßnahmen die Interessen einer geheimen Elite vermutet.

Umgedreht ergibt sich daraus die dritte Lehre für eine revitalisierende Demokratie: Bürgerinnen und Bürger wollen als aktive Menschen ernst genommen werden.

Es ist kein Zufall, dass große materielle Ungleichheit, Vertrauensverlust und fehlende Selbstwirksamkeit gleichzeitig aufkommen und demokratiezersetzende Prozesse initiieren. Sie negieren nicht zuletzt die Rolle des Einzelnen als aktiver Bürger, als handelnder Bestandteil der Gemeinschaft (→ *collective action*).

Welche Möglichkeiten ergeben sich hier also, die unsere Demokratie revitalisieren und gleichermaßen dem Klimaschutz dienen könnten? Die allgemeinen Lehren scheinen klar: Klimapolitik muss gerecht sein, alle gleichermaßen einbeziehen sowie das aktive Engagement der Bürgerinnen und Bürger suchen. Konkret bieten sich meiner Meinung nach zwei Optionen an: die Einführung einer unvoreingenommenen Klimadividende sowie der Einsatz von Klimaräten.

Es wäre verwerflich und politisch unklug, durch Klimaschutz bestehende Ungleichheiten weiter zu vergrößern. Genau diese Gefahr besteht aber durch eines der Kerninstrumente des Klimaschutzes: die CO_2-Bepreisung. Höhere Preise auf Kohle, Gas und Öl wirken sich zwar stärker auf wohlhabendere Haushalte aus, sind aber dennoch regressiv, weil ärmere Haushalte einen relativ gesehen größeren Teil ihres Einkommens zusätzlich aufwenden müssen. Die Bundesregierung hat diese Gefahr erkannt und wird zum Ausgleich für höhere CO_2-Preise die EEG-Umlage senken, eine Maßnahme, die erfolgreich die Überbelastung ärmerer Haushalte kompensiert (die Pendlerpauschale hat dagegen regressive Wirkungen). Nach einem Gutachten des Mercator Research Institute on Global Commons and Climate Change Berlin (MCC) bleiben aber die mittleren Einkommen relativ am stärksten belastet.

Die Forschung zeigt jedoch, dass es noch eine bessere Möglichkeit gibt, die nicht nur für gerechte Verteilungswirkung, sondern auch für größere Akzeptanz sorgt: die Klimadividende. Unter einer Klimadividende versteht man die Ausschüttung der Einnahmen durch CO_2-Bepreisung als jährliche Summe für jede Person. Wer weniger fossile Energien nutzt als der Bevölkerungsdurchschnitt, bekäme bei diesem Modell mehr zurück, als er oder sie zuvor an Abgaben gezahlt hatte.

Berechnungen zeigen, dass Familien und ärmere Haushalte daher mehr erhalten, als sie zusätzlich zahlen – obwohl auch hier die Anreizwirkung des CO_2-Preises erhalten bleibt. Die Erfahrungen aus British Columbia, Kanada und der Schweiz zeigen, dass eine aufkommensneutrale Klimadividende nicht nur als gerecht empfunden wird, sondern auch vertrauensbildend wirkt und die Akzeptanz für Klimaschutzpolitik in breiten Bevölkerungsschichten erhöht. Empirische Forschung aus Deutschland zeigt, dass die Akzeptanz einer steigenden CO_2-Bepreisung durch eine solche Klimadividende erhalten bleibt. Insbesondere ist eine Klimadividende besser geeignet, diejenigen mitzunehmen, die politisch weniger am Klimawandel interessiert sind oder besonders von einer CO_2-Bepreisung betroffen wären.

Eine Klimadividende kann kurzfristig umgesetzt werden. Dazu könnte der Bundestag schon vor der Wahl einen höheren CO_2-Preis ab 2021 beschließen und zusätzliche Einkünfte aufkommensneutral zurückverteilen. Auch steht die Weiterentwicklung der CO_2-Bepreisungung nach 2025 an. Hier kann der Bundestag dann entscheiden, einen Großteil der Einnahmen gleichermaßen an alle Bundesbürger zurückzuverteilen. Über die Steuer-ID aller in Deutschland lebenden Personen ist die einfache technische Umsetzung gewährleistet.

Eine Klimadividende alleine vergrößert jedoch noch nicht das Potenzial aktiver Bürgerinnen und Bürger. Neue Formate versprechen aber, dass mehr Bürgerbeteiligung und Klimaschutz miteinander einhergehen können. Speziell die aus Irland und Frankreich bekannten Bürgerinnen- und Bürgerräte sind Vorreiter einer direkteren Klimademokratie.

In diesem Gremium versammeln sich 100 bis 150 ausgeloste Bürgerinnen und Bürger, die möglichst repräsentativ für die gesamte Bevölkerung sind. Die Bürgerinnen und Bürger lassen sich über mehrere Wochenenden hinweg zum Klimawandel und Klimaschutz von Expertinnen und Experten informieren, diskutieren miteinander und sprechen anschließend Handlungsempfehlungen aus, die in der einen oder anderen Weise von politischen Entscheidungsträgern berücksichtigt werden müssen. Die Teilnehmenden erarbeiten sich üblicherweise in Kleingruppen ein Unterthema. Am Ende der Treffen werden verschiedene Vorschläge zur Abstimmung gegeben und die resultierende Liste wird den politischen Entscheidungsträgern überreicht.

Erfahrungen in Irland, Frankreich, Belgien und anderen Ländern zeigen, dass Bürgerinnen- und Bürgerräte allgemein akzeptierte Klimaschutzvorschläge erarbeiten. Damit stärken sie nicht nur die Demokratie, sondern tragen auch zur effektiven Reduktion von Treibhausgasen bei. Die Erfahrungen etwa aus Großbritannien zeigen, dass ein Bürgerinnen- und Bürgerrat ohne politisches Mandat diese Ziele nicht erfüllt. In Frankreich dagegen sicherte Präsident Emmanuel Macron von vornherein zu, dass die Regierung einen Großteil der Vorschläge umsetzen würde – was tatsächlich auch geschah. Im deutschsprachigen Teil Belgiens ist der Rat sogar eine ständige Einrichtung. Empfehlungen können nur bei triftigen Begründungen von den politischen Organen abgelehnt werden.

150 Bürgerinnen und Bürger bedeuten allerdings noch keine breite demokratische Beteiligung. Deswegen bietet es sich an, das Format des Bürgerinnen- und Bürgerrats auch auf lokaler Ebene einzuführen. In jedem Bezirk gibt es akute Themen, etwa zur Mobilität der Senioren im ländlichen Raum, der Wasserversorgung der städtischen Bäume oder zu sicheren Schulwegen. Viele dieser Themen betreffen die konkrete Daseinsvorsorge, haben aber auch Implikationen für den Klimaschutz. Aktuelle Initiativen zeigen, dass vor allem Themen des öffentlichen Raums und der Mobilität

weitreichendes Engagement anziehen. Hyperlokale Beteiligungsprojekte versuchen dabei, lokalen Straßenraum umzugestalten, diesen sowohl fairer aufzuteilen als auch klimafreundlich zu verändern.

Bürgerinnen- und Bürgerräte sind ein gutes Format, um nicht nur die konkreten Probleme zu lösen, sondern auch gleichzeitig die Demokratie zu stärken. Sie könnten sofort eingesetzt werden, müssen aber auch durch lokale politische Gremien gefördert werden.

Die verschiedenen Stufen – Planung, Losverfahren, Versammlung und Überreichung der Empfehlungen – können nach bisherigen Erfahrungen in 12 bis 24 Monaten umgesetzt werden, auf lokaler Ebene auch schneller. Entscheidend ist die Legitimation der Räte: Bundestag, Länderkammern oder Stadträte müssen sie einsetzen. Die Exekutive wiederum, also etwa die Bundesregierung, muss sie explizit unterstützen. Am 16. September 2020 erst hat die Gruppierung Klima-Mitbestimmung.JETZT eine Petition im Bundestag eingereicht, die auf mehr Bürgerbeteiligung beim Klimaschutz abzielt. Es liegt am Parlament, den nächsten Schritt zu gehen.

***

MEHR SOZIALE GERECHTIGKEIT
IN DER KLIMAPOLITIK

Idee Klimapolitik braucht Regeln, die für alle gleichermaßen gelten. Daher sollten Klimalösungen über Diskussion und Deliberation mit Bürgerinnen und Bürgern gefunden werden.

Effekt Die politischen Maßnahmen zum Klimaschutz werden gerechter und somit von den betroffenen Bürgerinnen und Bürger besser akzeptiert. Dadurch sinkt die Gefahr, dass populistische Kräfte bestehende Ungerechtigkeiten auf den Klimaschutz projizieren.

Umsetzung Klimaräte können sofort eingesetzt werden, wenn politische Gremien dies wollen und sie dementsprechend fördern. Die verschiedenen Stufen – Planung, Losverfahren, Versammlung und Überreichung der Empfehlungen – können nach bisherigen Erfahrungen in 12 bis 24 Monaten umgesetzt werden, auf lokaler Ebene auch schneller.

***

Felix Creutzig leitet die Arbeitsgruppe Landnutzung, Infrastruktur und Transport am Mercator Research Institute on Global Commons and Climate Change (MCC) und ist Professor für Sustainability Economics of Human Settlements an der Technischen Universität Berlin. Er wurde als koordinierender Leitautor des sechsten Sachstandsberichts des Weltklimarats ausgezeichnet.

LEBENSLANG FÜR DIE DEMOKRATIE LERNEN

DEMOKRATISCHE BILDUNG IST BEZIEHUNGSARBEIT

Marina Weisband

Schulen sollen Jugendliche zu mündigen Bürgerinnen und Bürgern machen. In der Praxis rufen sie vor allem Leistung ab. Um Bildung demokratischer zu machen, brauchen Schulen mehr Freiraum und engagierte Lehrkräfte.

Demokratie muss man nicht nur wollen, man muss sie auch können. Von mündigen, demokratischen Bürgerinnen und Bürgern wird eine ganze Reihe an Fähigkeiten erwartet. Sie sollen sich informieren, den eigenen Willen kennen und kundtun, Entscheidungen und Ereignisse kritisch beobachten und von Rechten wie der Rede- und Demonstrationsfreiheit sinnvoll Gebrauch machen. Während man für das Führen eines PKWs eine Fahrerlaubnis braucht, gibt es den Wahlschein zu Recht ohne jede Überprüfung dieser Fähigkeiten. Dennoch ist eine Demokratie nun mal nur so gut, wie es ihre Demokratinnen und Demokraten sind.

Es muss also einen Ort geben, an dem speziell jene Fähigkeiten gefördert werden. Einen Ort, an dem sich alle Menschen zu einem bestimmten Zeitpunkt ihres Lebens befinden, möglichst in prägenden Jahren. Laut der Kultusministerkonferenz (KMK) ist dieser Ort die Schule. In den Bildungsstandards der KMK steht: »Schülerinnen und Schüler sollen zu mündigen Bürgerinnen und Bürgern erzogen werden, die verantwortungsvoll, selbstkritisch und konstruktiv ihr berufliches und privates Leben gestalten und am politischen und gesellschaftlichen Leben teilnehmen können.«

Der Theorie nach müssen Schülerinnen und Schüler also zu selbstständigem und kritischem Urteil, zu eigenverantwortlichem Handeln und schöpferischer Tätigkeit befähigt werden. Oft wird auch von den 4K gesprochen, die nicht nur in der Demokratie, sondern auch in der Berufswelt der Zukunft relevant werden: Kommunikation, Kollaboration, Kreativität und Kritisches Denken. Es wäre ungerecht, zu behaupten, das passiere nirgends in Schulen. Viele engagierte Lehrerinnen und Lehrer organisieren immer wieder Projekte und Lerneinheiten, die genau diese Fähigkeiten fördern. Strukturell betrachtet handelt es sich bei der Regelschule dennoch um einen autoritären Raum. Schulleitungen sind abhängig von Ministerien und Trägern, Lehrerinnen und Lehrer von Lehrplänen und Schulleitungen, Schülerinnen und Schüler – am Ende des Tages – von der Willkür der Lehrkräfte. Denn obwohl Pädagoginnen und Pädagogen versuchen, ihre Schülerinnen und Schüler als Persönlichkeiten zu entwickeln, wird letzten Endes in der Praxis meistens von Prüfung zu Prüfung gelernt. Alle, die in der Schule waren, erinnern sich daran. Für die meisten Schülerinnen und Schüler hat sich das bis heute nicht geändert. Um einen guten Job zu bekommen, so die Erzählung, brauche man ein gutes Abitur. Für ein gutes Abitur müsse man gute Klausuren schreiben. Wenn man in Klausuren dagegen die 4K anwendet – also zum Beispiel Kommunikation oder Kollaboration –, gibt es dafür ein Wort: Betrugsversuch.

Ist es möglich, in diesem relativ starren, autoritären System mündige Demokratinnen und Demokraten zu erziehen? Das darf angezweifelt werden. Erstens ist »erziehen« kein gutes Wort. Menschen passen sich ganz von allein ihrer Umgebung an und entwickeln die Fähigkeiten, die sie brauchen, um in dieser Umgebung gut zurechtzukommen. Wenn die Umgebung verlangt, dass man Regeln befolgt und Lernstoff kurzfristig speichert, um ihn bei einer Klausur auswendig wiederzugeben – dann fördert dies Unselbstständigkeit und Autoritätshörigkeit. Wenn selbstständiges, interessengeleitetes Lernen und das gemeinsame Organisieren der Regeln und des Alltags in der Schule im Mittelpunkt stehen – dann entwickeln Jugendliche ganz von allein andere Kompetenzen.

Lässt man Schülerinnen und Schüler ihr Lernen und Zusammenleben selbst organisieren, entwickeln sie wesentliche Fähigkeiten, die eine Demokratie unbedingt braucht. An erster Stelle steht hier Selbstwirksamkeit. Darunter versteht man die Erwartung, dass sich etwas verändert, wenn ich etwas tue. Das Gegenteil dieser Selbstwirksamkeit ist eine erlernte Hilflosigkeit: »Warum sollte ich mich bemühen oder einbringen, wenn am Ende die Lehrkräfte trotzdem machen, was sie wollen?« Dieser Satz fällt in der demokratischen Arbeit mit Schülerinnen und Schülern oft. Und er erinnert fatal an den Satz »Die da oben tun doch eh, was sie wollen«. Die Jugendlichen denken aber nicht ganz zu Unrecht so. Wirklich viele Freiheiten in der Gestaltung ihres Schul- und Lernalltags haben sie an Regelschulen nicht. In der Enge des Lehrplans und unter dem enormen Zeitdruck, unter dem Lehrende stehen, fällt es sehr schwer, Kontrolle abzugeben und den Schülerinnen und Schülern genug Freiräume zu lassen, um die entsprechenden Selbstwirksamkeitserfahrungen zu machen. Dennoch ist es notwendig.

Verantwortung kann nur lernen, wer Verantwortung trägt. Keine theoretische Stunde über Toleranz, demokratische Verfahren oder Meinungsfreiheit ersetzt die praktische Auseinandersetzung mit den Mitmenschen in der Schule; und zwar dauerhaft und nicht nur im Rahmen einiger Projekttage.

Wie man Schule verändern könnte, um sie demokratischer, pädagogisch sinnvoller und zeitgemäßer zu gestalten, darüber werden seit vielen Jahren kluge Bücher geschrieben und darauf soll hier nicht eingegangen werden. Denn das Schulsystem in 16 Bundesländern zu ändern ist eine Sisyphusarbeit. Wir wollen uns hier stattdessen darauf konzentrieren, welche Veränderungen innerhalb von zwölf Monaten ganz konkret möglich wären und schon heute angegangen werden könnten.

Um Bildung demokratischer zu machen, braucht es drei wesentliche Faktoren. Erstens brauchen Schulen mehr Freiraum. Das heißt: mehr schulinterne Entscheidungskompetenzen, mehr Zeit und entspanntere Lehrkräfte. Zweitens brauchen Lehrerinnen und Lehrer selbst bessere Unterstützung in der Aus- und Fortbildung, wenn es um demokratische Kompetenzen, Toleranz, Achtung vor der Würde des anderen Menschen und Respekt vor anderen Überzeugungen geht. Drittens brauchen Schulen, die nicht als demokratische Schulen angelegt sind, einen demokratischen Adapter. Im Folgenden sollen hierzu einige Vorschläge gemacht werden.

Wer selbst keine Selbstwirksamkeit hat, kann keine Selbstwirksamkeit vermitteln. Menschen lernen am besten am Modell. Schülerinnen und Schüler, die überarbeitete und gehetzte Lehrerkräfte beobachten, die sich zwar über ein System aufregen, aber letztlich nichts daran ändern können, werden keine hohe Erwartung an ihre eigene Selbstwirksamkeit haben. Wer also eine Gestaltungsrolle vermitteln möchte, muss selbst gestalten können. Dazu gehört es, den einzelnen Schulen eine größere Autonomie einzuräumen und sie ein klein wenig unabhängiger zu machen von Trägern und Ministerien. Gerade in Zeiten von Digitalisierung, wo niemand fertige, funktionierende Systeme liefern kann, wäre es gut, wenn einzelne Schulen sich stärker ausprobieren dürften.

Außerdem benötigen schulinterne demokratische Prozesse Zeit und Raum. Sie brauchen sowohl die physische Zeit am Tag als auch relativ entspannte Begleitende, die wirklich auf die Sorgen, Nöte, Hoffnungen und Debatten der Schülerinnen und Schüler eingehen können. Möglich wird das unter zwei Voraussetzungen: weniger Lernstandserhebungen (Prüfungen) und mehr Personal. Ersteres ist nicht nur förderlich für intrinsischer motiviertes Lernen und würde endlich den Mythos beseitigen, dass man eben doch für Noten lernt, sondern würde den Fokus mehr auf Zusammenarbeit legen. Die Personalfrage ist etwas komplizierter. Während man Lehrkräfte nicht herzaubern kann, wenn die Zahl der Lehramtsstudierenden nicht steigt, so kann man doch außerschulische Akteure, Sozialpädagoginnen und -pädagogen sowie Fachleute aus politischer Bildung und diversen gemeinnützigen Organisationen stärker in die Schule einbinden. Das alles erfordert natürlich Investitionen – die sich aber gerade im Schulbereich schon in einer Generation stark auszahlen. Wir werden in zwölf Monaten diese Veränderungen nicht erzielen können, aber Initiativen in diese Richtung können und müssen politisch angestoßen werden.

Dies gilt auch für die Ausbildung von Lehrpersonal. Es ist heute möglich, Lehrerin und Lehrer zu werden, ohne sich wirklich mit Möglichkeiten demokratischer Prozesse an Schulen zu befassen, wenn man sich für das Thema nicht interessiert. Dasselbe gilt für Digitalisierung. Dabei ist es gerade in einer digitalisierten Welt, in der ein Großteil unserer demokratischen Debatten online stattfindet, unbedingt notwendig, sich gerade mit Implikationen des Internets für Meinungsbildung und demokratische Partizipation auseinanderzusetzen.

Eine dahingehend erweiterte Ausbildung und regelmäßige, sinnvolle Fortbildung von Lehrkräften sind deshalb

Voraussetzungen für demokratisches Lernen an der Schule. Hierzu kann man die Ausbildung sehr viel besser mit medienpädagogischen Angeboten vernetzen, die es heute schon gibt. Nicht alle Institute müssen neues Personal einstellen und eigene Lernprogramme etablieren. Man kann gut auf das zurückgreifen, was bereits vorhanden ist.

Auch die Fortbildungsinstitutionen müssen sich viel stärker mit anderen Organisationen vernetzen, die bereits Expertise in den Bereichen Digitalisierung und Demokratie haben. Fortbildungen in Form von einmaligen Seminaren, die nachmittags abgehalten werden und bald vergessen sind, bringen wenig, wie deren Evaluation ergeben hat. Heute ist es möglich, lehrbegleitende kurze Input- und Austauschphasen auch online zu organisieren und dabei viel mehr Reflexion der Praxis zu ermöglichen.

Ein sinnvolles Aus- und Fortbildungskonzept lässt sich sehr gut innerhalb von zwölf Monaten erarbeiten.

Diese Bedingungen sind notwendig, aber längst nicht hinreichend für demokratisches Leben an Schulen. Wenn ich Demokratinnen und Demokraten ausbilden will, müssen sie in einem demokratischen System ausgebildet werden. So weit, so trivial. Aber wo sind eigentlich die Räume in der Schule, in denen das geht?

Es gibt verschiedene Ansätze, mit denen man demokratische Elemente ins Schulleben bringen kann. Der grundlegendste ist die SV (Schülerinnen- und Schülervertretung). Sie ist eine Übung in repräsentativer Demokratie: ein Gremium, das zur Interessenvertretung gewählt wird. Je nachdem, wie aktiv die SV an der jeweiligen Schule ist, lernen ihre Vertreterinnen und Vertreter dabei eine Menge über politische Prozesse. Das betrifft allerdings eben nicht alle, sondern nur ein Dreißigstel der Schülerinnen und Schüler. Basisdemokratischer sind beispielsweise Schülerhaushalte, bei denen Kinder und Jugendliche über eine bestimmte Summe verfügen dürfen, dafür eigene Ideen einbringen und darüber abstimmen müssen. Solche Projekte lehren ganz automatisch, kreativ zu denken, zu diskutieren, zu argumentieren, Mehrheiten zu finden, Minderheiten zu schützen, Verantwortung zu tragen für sich und andere. Besonderen Effekt haben sie, wenn sie zeitlich nicht begrenzt sind, sondern als ständige Begleitung des Schullebens fungieren.

Diese Begleitung lässt sich mithilfe einer digitalen Infrastruktur unterstützen. Das von der Bundeszentrale für politische Bildung geförderte Konzept *aula*, das ich leite, ist ein Beispiel dafür. Es besteht aus drei wesentlichen Elementen: Zunächst handelt es sich um eine Onlineplattform, die dabei hilft, den Prozess zu strukturieren, protokollieren und für alle ansprechend und leicht nachvollziehbar zu organisieren. Zum zweiten bietet es ausführliches didaktisches Material, das Lehrkräften ermöglicht, die Partizipation regelmäßig offline zu begleiten und zu reflektieren. Im Unterricht wird über die neuen Ideen gesprochen, sie werden debattiert, Verbesserungsvorschläge werden formuliert und konkrete Projektpläne werden ausgearbeitet. Das dritte Element ist ein Vertrag, auf dem die Verbindlichkeit von *aula* basiert. Er beinhaltet eine freiwillige Selbstverpflichtung der Schulkonferenz, alle Ideen mitzutragen, die über *aula* beschlossen wurden und nicht dem Vertrag widersprechen. Dort sind die Möglichkeiten der Schülerinnen und Schüler, aber auch Grenzen der Beteiligung erläutert.

Schülerinnen und Schüler bekommen ein Benutzerkonto und können sich jederzeit und überall auf die Plattform einloggen. Sie können dort »wilde Ideen« einstellen, sie im Themenraum bearbeiten und diskutieren. Aus einer spontanen Idee wird in gemeinschaftlicher Arbeit ein konkreter Projektplan mit Zuständigkeiten, Zeitplan und Details. Vor der Abstimmung prüft die Schulleitung, ob eine Idee mit dem Vertrag vereinbar und umsetzbar ist. Dann kann online abgestimmt werden. Die Abstimmung ist verbindlich, und sofern keine Verantwortlichen in der Idee bezeichnet sind, liegt die Verantwortung für die Umsetzung bei den Ideengeberinnen und -gebern selbst.

Es sind Konzepte wie diese, die wir uns genauer anschauen müssen, wenn wir uns fragen, wie wir Regelschulen innerhalb nur eines Jahres zu Orten demokratischen Lernens machen können. Die Konzepte sollten dauerhaft angelegt sein, sie sollten alle Schülerinnen und Schüler betreffen und sie sollten verbindliche Ergebnisse produzieren, um Frust und erlernte Hilflosigkeit zu vermeiden. Es hat sich gezeigt, dass auf diese Weise Selbstwirksamkeit, Eigenständigkeit, Kompetenzen wie Argumentieren und der soziale Zusammenhalt an Schulen gestärkt wird. Schülerinnen und Schüler, die sich bisher nicht oder kaum beteiligt hatten, werden ermuntert, das zu tun.

Denn Bildung ist Beziehungsarbeit. Sie lässt sich nicht innerhalb von zwölf Monaten komplett auf den Kopf stellen. Aber es gibt bereits gute Ansätze, die es lediglich noch nicht in die Schulpraxis geschafft haben. Ein erster Schritt ist das Erkennen eines Problems. Die Schule ist als Institution zu wertvoll, um falscher Sparsamkeit und altbackenen Vorstellungen von Leistung zum Opfer zu fallen. Innerhalb eines Jahres lassen sich sowohl in der Fortbildung von Lehrkräften als auch in der Schulgestaltung Leuchttürme schaffen, die Räume öffnen und eine bessere Vernetzung der Schule mit der restlichen Gesellschaft erlauben. Länger sollten wir diese Aufgabe auch nicht vertagen – mit jedem Jahrgang, der sich nicht ausprobieren durfte, bleiben junge Menschen hinter ihren Potenzialen zurück.

***

PARTIZIPATION VON JUGENDLICHEN IN SCHULEN

Idee Kinder und Jugendliche müssen aktiv an der Gestaltung des Schullebens beteiligt werden. Um Bildung demokratischer zu machen, braucht es drei wesentliche Faktoren: mehr Freiraum für schulinterne Entscheidungskompetenzen, besser ausgebildete Lehrkräfte und digitale Tools, die den Prozess unterstützen.

Effekt Jugendliche erleben sich als selbstwirksam und lernen, sich für ihre Ideen einzusetzen, zu argumentieren und Verantwortung zu übernehmen. Dadurch wird nicht nur der soziale Zusammenhalt, sondern auch das Vertrauen in demokratische Prozesse gestärkt.

Umsetzbarkeit Innerhalb eines Jahres lassen sich Konzepte für eine Fortbildung der Lehrkräfte in demokratischen Beteiligungsprozessen erarbeiten und anwenden. Digitale Tools und begleitende Konzepte für Partizipation gibt es bereits. Voraussetzung für deren Einsatz ist allerdings, dass Schülerinnen und Schüler sowie Lehrerinnen und Lehrer von der Schulleitung sowie der Schulaufsicht mehr Freiräume erhalten.

***

Marina Weisband ist Diplompsychologin und Expertin für digitale Partizipation und Bildung. Bis 2012 war sie politische Geschäftsführerin und Bundesvorstandsmitglied der Piratenpartei Deutschland. Seit 2015 leitet sie das digitale Projekt *aula – Schule gemeinsam gestalten*, das von der Bundeszentrale für politische Bildung gefördert wird.

DAS NEUE SCHULFACH
»AUF MICH KOMMT ES AN«

Gloria Boateng

Das Unterrichtskonzept »Service Learning« setzt auf Lernen durch Engagement. Es ermöglicht Kindern und Jugendlichen die Erfahrung von Selbstwirksamkeit – eine Grundlage für eine stabile Demokratie. Alle Schulen sollten es sofort einführen.

In unserer repräsentativen Demokratie ist das Volk das höchste Organ. Die Bürgerinnen und Bürger haben die Macht. Mit ihrem Wahlrecht bestimmen sie ihre Vertreterinnen und Vertreter, die politische Entscheidungen treffen. Das bedeutet aber auch: Ihr Gestaltungsspielraum besteht vor allem darin, von ihrem Wahlrecht Gebrauch zu machen. Bei der Bundestagswahl 2017 taten dies gut 76 Prozent der Wahlberechtigten. Damit war der Wert zwar zweimal in Folge gestiegen, er ist aber weit entfernt von den über 91 Prozent, die im Jahr 1972 wählen gingen. Schaut man sich die Altersgruppen an, so fällt die Beteiligung der 25- bis 29-Jährigen sowie 21- bis 24-Jährigen am geringsten aus, gefolgt von den 18- bis 20-Jährigen. Dafür gibt es viele Gründe. Ein wesentlicher aber ist: Sie fühlen sich nicht angesprochen. Und sie haben nicht das Gefühl, dass ihre Stimme eine Wirkung hat, dass es auf sie ankommt.

Wer unsere Demokratie stärken möchte, kommt daher um eine entscheidende Frage nicht herum: Wie geben wir jungen, heranwachsenden Menschen das Gefühl, Verantwortung zu tragen? Wie schaffen wir es, ihnen Partizipation schmackhaft zu machen? Die für mich naheliegende Antwort lautet: Indem sie von klein auf aktiv sein dürfen. Indem sie schon früh spüren, dass es auf sie ankommt. Indem wir ihr Interesse wecken. Indem wir Plattformen schaffen, die ihnen ermöglichen, sich auszuprobieren. Von Anfang an, im Elternhaus, in Kitas, in Schulen.

In meiner privaten Umgebung und auch in meinem beruflichen Umfeld beobachte ich immer wieder, dass Kinder eher zu passiven als zu aktiven Menschen erzogen werden. Viele Eltern denken, dass sie ihren Söhnen und Töchtern einen Gefallen tun, wenn sie ihre Probleme lösen. Das Gegenteil ist der Fall. Wir müssen ihnen vielmehr Strategien an die Hand geben, die sie dazu befähigen, Probleme selbst zu lösen. Ein banales Beispiel: Ein Kind von drei Jahren steht in der Familienwohnung vor einer verschlossenen Tür und kriegt sie nicht auf. Die meisten Eltern, die ich kenne, stehen auf und öffnen jedes Mal die Tür für das Kind. Problem gelöst. Eltern aktiv, Kind passiv. Doch man kann dem Kind auch beibringen, sich einen Tritt zu holen, hochzusteigen und die Tür selbst aufzumachen. Wenn das Kind die nächsten Male wieder vor der verschlossenen Tür steht, fragt man dann nur: »Und? Was kannst du machen?« Das Kind erinnert sich und holt den Tritt. Irgendwann bleibt es gar nicht erst vor der verschlossenen Tür stehen, sondern versucht es gleich mit dem Hilfsmittel. Der Lerneffekt ist nicht zu unterschätzen, denn das Kind hat auf diese Weise eine wichtige Selbstwirksamkeitserfahrung gemacht: Es kann ohne Hilfe etwas bewirken.

Das lässt sich auf viele Bereiche übertragen. Schon dreijährige Kinder können dabei helfen, das Geschirr in die Spülmaschine einzuräumen oder die schmutzige Wäsche zu sortieren. Es braucht nur eine kleine Aufgabeneinteilung und eine anfängliche Hilfestellung. Wenn die Kinder älter werden, können sie andere Aufgaben übernehmen, wie etwa Müll entsorgen oder sonntags Brunch zubereiten. In vielen Familien sind Kinder jedoch eher passive Familienmitglieder. Sie haben viele Rechte, aber kaum Pflichten. Sie entwickeln sich somit zu Erwachsenen, die sich jedes Recht nehmen wollen, aber womöglich Pflichten umgehen. Sie haben nicht gelernt zu agieren.

Kinder, die im Alltag zum Gelingen des Familienlebens aktiv beitragen müssen, entwickeln sich zu verantwortungsvolleren Jugendlichen, die sich als Teil eines (Familien-)Systems begreifen. Sie werden zu aktiven, partizipierenden Menschen erzogen. Eine wichtige Grundlage ist somit gelegt. Junge Menschen brauchen jedoch auch außerhalb der Familien weitere Lerngelegenheiten und Vorbilder. Unsere Hauptaufgabe ist es, im Rahmen einer demokratischen Bildung und Erziehung die Heranwachsenden dabei zu unterstützen, ein »Auf mich kommt es an«-Gefühl zu entwickeln. Das Konzept des »Service Learning« (zu dt. Lernen durch Engagement) ist dabei ein wichtiger Baustein und sollte daher an allen Bildungseinrichtungen implementiert werden. Die Unterrichtsmethode verbindet fachliches Lernen im Unterricht mit bürgerschaftlichem Engagement und gibt Schülerinnen und Schülern die Möglichkeit, aktiv zu gestalten.

Wir sichern unsere Demokratie, indem wir Heranwachsenden beibringen, sich zu engagieren. Für ihre Familie, für ihre Nachbarinnen und Nachbarn, für ihre Schule, für ihren Stadtteil, für ihr Gemeindehaus, für ihre Peers, für jüngere oder ältere Generationen, für die Umwelt und letztendlich vor allem für sich selbst. Indem sie sich gemeinsam mit anderen für eine gute Sache engagieren, lernen sie andere Menschen kennen, durchdringen die Gesellschaft in ihrer Vielfalt und begreifen, dass sie als deren Teil Einfluss auf die Entwicklung haben. Durch Service Learning erwirbt man Problemlösestrategien. Man identifiziert einen Missstand und sucht kreative Lösungen.

Deutsche Schulen binden seit geraumer Zeit junge Menschen aktiv ins Schulleben ein: etwa durch die Arbeit von Klassenvertreterinnen und -vertretern oder von Schulsprecherinnen und -sprechern. Auch Ordnungsdienste (Tafel-, Kehr-, Mülldienst etwa), wie sie an vielen Schulen verankert sind, ermöglichen es Kindern und Jugendlichen, Verantwortungsbewusstsein für ein gelingendes Zusammenleben in der Klasse oder Schule zu entwickeln. All dies sind wichtige Schritte, aber sie gehen nicht weit genug. Ein Kind mag sich dafür verantwortlich fühlen, dass der Klassenraum in einem sauberen Zustand bleibt. Das wird es unter Umständen jedoch nicht davon abhalten, auf dem Schulhof andere Kinder mit Beeinträchtigungen oder anderen Hautfarben zu beleidigen. Den Grundgedanken einer Demokratie – nämlich, dass jede Person egal welcher Hautfarbe, Religion, welchen Geschlechts oder welcher geschlechtlichen Orientierung und Identität, egal ob mit oder ohne Beeinträchtigung gleichwertig und respektvoll zu behandeln ist, dass jede Person ein Recht auf gleiche Chancen hat – diesen Grundgedanken hat das Kind damit noch nicht entwickelt.

Jede Schule sollte sich deshalb zur diskriminierungsarmen Zone erklären und alles tun, damit dem auch Rechnung getragen wird. Anderen Menschen mit Wertschätzung zu begegnen muss auch gelernt sein. Da trägt die Schule eine besonders große Verantwortung. Sie muss nicht nur Möglichkeiten der Teilhabe schaffen, sondern eine diversitätssensible Partizipationskultur etablieren. Diese begreift die Verschiedenheit aller Menschen als Bereicherung und baut darauf im Schulalltag auf. Nur so wird es möglich sein, andersdenkende, -aussehende, -sprechende, -liebende, -gläubige Menschen zu akzeptieren und wertschätzend mit ihnen umzugehen. Diese diversitätsorientierte Partizipationskultur muss überall im Schulalltag verankert sein: im regulären Unterricht als Schulfach, übergreifend in den Curricula aller Fächer, in den Angeboten der Nachmittagskurse (an Ganztagsschulen oder GBS-Schulen), in den Projektwochen und -tagen, im Leitbild und auf der Internetseite der Schule, in den Gremien – überall.

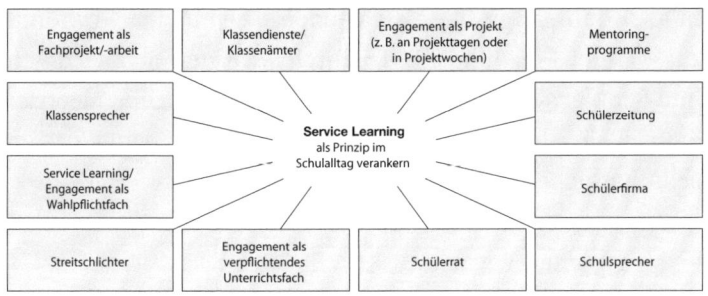

Service Learning/Partizipation auf verschiedenen Ebenen fördern

Quelle: Gloria Boateng

Um dies zu erreichen, sollten Schulen zunächst hinterfragen, an welchen Stellen im Schulalltag sie den Kindern und Jugendlichen mehr Verantwortung geben, sie mehr fordern und ihnen mehr Mitspracherecht oder Gestaltungsfreiraum ermöglichen können. Die Leitfragen lauten: Wie kann sich das Potenzial aller Schülerinnen und Schüler im Tun noch mehr entfalten? Wie können wir die Gemeinschaft stärken und füreinander einstehen?

Konfuzius sagte einst:

Sage es mir, und ich werde es vergessen.
zeige es mir, und ich werde es vielleicht behalten.
Lasse es mich tun, und ich werde es können.

Das Konzept des Service Learning setzt genau da an. Indem sich Jugendliche für das Gemeinwohl einsetzen und etwas bewirken können, stärken sie nicht nur ihr Selbstwertgefühl, ihre Selbstwirksamkeit und ihre Rolle als Bürgerinnen und Bürger der Gesellschaft, sondern sie entwickeln zugleich auch eine demokratische Haltung. Service Learning kann in allen Jahrgangsstufen stattfinden. Die einzige Grundmaxime lautet Freiwilligkeit. Dadurch wird den Schülerinnen und Schülern der nötige Freiraum gegeben, eigene Ideen zu entwickeln. Ihr Engagement kann auf vielen Ebenen des gesellschaftlichen Lebens Früchte tragen:

— Mitgestaltung der Schule
— stadtteilbezogene Aktivitäten
— interkulturelle und interreligiöse Begegnungen
— Natur, Technik und Umwelt
— Medien und Kommunikation
— Bewegung, Sport und Ernährung
— intergenerative Projekte

Service Learning setzt dabei auf das Prinzip des Austauschs von Wissen und Expertise. Schülerinnen und Schüler werden bei ihren Ideen von Lehrkräften begleitet. Manche Schulen haben im Rahmen des Service Learning auch Mentoring-Programme eingeführt. Sie stellen ein gelingendes WIR in den Mittelpunkt. Ältere Schülerinnen und Schüler

begleiten beispielweise jüngere, Menschen mit unterschiedlichen sozialen oder kulturellen Hintergründen stehen anderen zur Seite. Die Mentorinnen und Mentoren begleiten
andere im Schulalltag, verdeutlichen die Schulstrukturen
und tragen bei konkreten Problemen zu einer Lösung bei.
Dabei können sie auf personelle oder schulische Ressourcen zurückgreifen. Das Gute an den Programmen: Sie sind
mit einem überschaubaren Aufwand verbunden. Jede Schule kann sie sofort einführen.

Um Kinder und Jugendliche auf die komplexer werdende Gesellschaft vorzubereiten, ist es zudem wichtig, dass
sie die Zusammenhänge und Wechselwirkungen zwischen
Mensch, Gesellschaft, Natur und Wirtschaft umfassend begreifen. Gelingt dies, können sie Veränderungen im Sinne der Nachhaltigkeit aktiv gestalten. Hier kann die Schule
ansetzen und zum Beispiel mit der Gründung einer Firma
eine entsprechende Lerngelegenheit bieten.

Dabei erwerben Schülerinnen und Schüler Planungs-,
Handlungs- und Kommunikationskompetenzen, die sie später für ein erfolgreiches Berufsleben benötigen, und wenden
diese gleichzeitig an. Konkret müssen die Jugendlichen nicht
nur das Konzept für ihre eigene Firma erstellen und umsetzen, sie müssen auch das Angebot für die entsprechenden
Dienstleitung selbst zusammenstellen, die Preise kalkulie-
ren und u. U. benötigte Rohmaterialien einkaufen. Die Kinder und Jugendlichen führen auch die (End-)Abrechnungen
durch und leiten marketingstrategische Schritte ein.

Von 2011 bis 2020 war ich an einer Hamburger Stadt-
teilschule (Gesamtschule) tätig, die ab Klasse 8 sogenannte
Profilklassen eingeführt hatte. Wie man es von vielen Ober-
stufen kennt, boten die Lehrkräfte verschiedene Profile an,
unter anderem zu den Bereichen Natur und Technik, Sport

oder Fremdsprachen. Daraus entstand ein ganzer Profiltag pro Woche. Dies war möglich, weil die Schule die Stunden des sonst stattfindenden Wahlpflichtunterrichts, die Stunden des Sozialen Lernens/Klassenrat und zwei Stunden eines profilgebenden Faches (je nach Themenschwerpunkt z. B. Biologie, Arbeitslehre, Deutsch etc.) hier einfließen ließ. Die Schülerinnen und Schüler bewarben sich am Ende der Klasse sieben für zwei Profile unter Abgabe eines Erst- und Zweitwunsches. Die zukünftigen Profillehrkräfte sichteten die Bewerbungen und kamen im Rahmen von Profilkonferenzen zusammen, um die Schülerinnen und Schüler auf die Profilklassen zu verteilen.

Zunächst einmal stand ich dem Konzept skeptisch gegenüber. Denn es hatte zur Folge, dass die Klassen nach nur drei Jahren wieder auseinandergerissen und im Rahmen von Profilen neu zusammengesetzt werden mussten. Am Ende nahm ich es aber als das an, was es war: eine Chance! Ich nutzte den Profiltag für all die Lernformen, die im herkömmlichen Unterricht zu kurz kamen: handlungs- und produktorientiertes, zukunftsweisendes, projektbasiertes, fächerübergreifendes, partizipations- und engagementförderndes Lernen. Ich kam mir vor wie eine Hexe, die ganz viele Kräuter in einen Topf warf, und dabei heraus kam ... eine Firma von Schülerinnen und Schülern. Meine hatten sich für eine Cateringfirma entschieden. Die *Food Ninjas,* so ihr Name, unterstützten mit ihren Diensten vor allem gemeinnützige Einrichtungen. So übernahmen sie zum Beispiel das Catering für schulische Events, aber auch für gemeinnützige Einrichtungen wie Stiftungen oder Vereine. Das durch die Catering-Tätigkeit eingenommene Geld wurde für verschiedene Zwecke verwendet: einen Teil erhielt der Schulverein, ein anderer Teil wurde an Einrichtungen oder Projekte gespendet, und mit dem dritten Teil belohnten sie sich für ihre Arbeit, indem sie es für sich selbst ausgaben, etwa für gemeinsame Ausflüge oder als Zuschuss zur Klassen- bzw. Abschlussreise. Das war die Krönung der Selbstwirksamkeitserfahrung.

Wiederum andere Schulen haben Engagement als Projekt- bzw. Facharbeit als Übergangsritual in die Oberstufe etabliert. In Jahrgang 11, der sogenannten Orientierungsstufe, konzipieren alle Schülerinnen und Schüler ihr eigenes ehrenamtliches Projekt, führen es (zusammen mit anderen Unterstützenden) durch und evaluieren es. Dabei kann es sich um ein einmaliges Projekt handeln, das zum Beispiel an einem Tag umgesetzt wird, oder auch um ein ein Halb- oder Schuljahr begleitendes Projekt. Durch seine Anlage hat das Engagement eine hohe Verbindlichkeit, und die jungen Menschen erhalten viel Gestaltungsfreiheit. Das Engagement wird am Ende nicht benotet, die Jugendlichen erhalten aber einen Zeugniseintrag sowie ein ergänzendes Zertifikat.

Die Möglichkeiten, Service Learning im Schulalltag zu implementieren, sind also vielfältig. Innerhalb eines Jahres lassen sich dafür in jeder Altersstufe und Schulform Projekte umsetzen. Je mehr Handlungsräume Schülerinnen und Schüler bereits während ihrer Ausbildung erhalten, desto größer wird ihre Selbstwirksamkeitserfahrung. Dieses »Auf mich kommt es an«-Gefühl ist eine gute Grundlage für Jugendliche, sich als Teil einer diversen Gesellschaft zu begreifen und später als aktive Bürgerinnen und Bürgern von ihren Rechten Gebrauch zu machen. Denn unsere Demokratie lebt von der Partizipation aller Personen.

***

Idee Partizipation kann nicht vorausgesetzt, sondern muss erlernt werden. Jugendliche brauchen dafür Handlungsräume, praktische Erfahrungen und Vorbilder. Das Konzept des Service Learning (Lernen durch Engagement) leistet das und sollte an allen Schulen sofort eingeführt werden.

Effekt Schülerinnen und Schüler begreifen sich als Teil einer diversen Gesellschaft. Sie sollen sich zu *generational thinkers* entwickeln – erwachsene Bürgerinnen und Bürger, die aktiv für die Demokratie, für ein fürsorgliches und friedliches Miteinander einstehen.

Umsetzbarkeit Service Learning muss als Unterrichtsfach, in Bildungs- und Studienplänen, aber auch begleitend im Schulalltag verbindlich eingeführt werden. Dies liegt im Verantwortungsbereich der einzelnen Einrichtungen und kann ohne größeren bürokratischen Aufwand geschehen.

✳✳✳

Gloria Boateng ist als Lehrerin, Moderatorin und Coach tätig. Sie engagiert sich als Gründungsinitiatorin und Vorstandsvorsitzende des gemeinnützigen Bildungsfördervereins SchlauFox e. V. für Chancengleichheit und Bildungsgerechtigkeit. 2011 wurde die Hamburgerin mit der Integrationsmedaille und 2019 mit dem Verdienstorden der Bundesrepublik Deutschland ausgezeichnet.

LEBENSLANGES LERNEN FÜR ABGEORDNETE

Johannes Vogel

Demokratie lebt von der Fähigkeit, sich zu verändern. Das sollte auch für die Menschen gelten, die politische Verantwortung tragen. Parlamentarier sollten daher ein Recht auf mandatsbezogene Weiterbildung erhalten – und die Möglichkeit, sich um Angehörige zu kümmern.

Abgeordneter im Deutschen Bundestag sein zu dürfen ist eine enorme Ehre. Ich selbst habe diese bereits zum zweiten Mal in meinem Leben, allerdings nach einer Zwangspause durch die Abwahl meiner Partei aus dem Bundestag und den erzwungenen Gang in die außerparlamentarische Opposition. Für die Freien Demokraten war das eine existenzielle Krise, die zum Glück mit dem Wiedereinzug in den Deutschen Bundestag überwunden werden konnte. Im Nachhinein kann ich daher sagen: Für mich persönlich war die Zwangspause das Beste, was passieren konnte.

Nach dem Ausscheiden aus dem Deutschen Bundestag war ich einige Zeit in Beijing, um Chinesisch zu lernen. Danach ging ich beruflich zur Bundesagentur für Arbeit, wo ich viel über moderne Führung gelernt habe, die Neuausrichtung der internationalen Abteilung auf das Thema Fachkräfteeinwanderung konzipieren und als Geschäftsführer eine Arbeitsagentur mit 400 Mitarbeitern im Inland leiten konnte. Alle diese Stationen haben mich persönlich wie beruflich wachsen lassen – und machen mich heute nach meiner Wiederwahl in den Deutschen Bundestag zum besseren Abgeordneten.

Es geht dabei nicht nur um die Erfahrungen an sich. Nein, meine Weiterentwicklung als Politiker war ungleich größer, weil ich die Chance hatte, nach einer echten Innensicht und einem wirklichen Verständnis der Strukturen und Prozesse den Parlamentsbetrieb noch einmal für einige Zeit von außen zu betrachten, um dann reflektiert und mit neuer Energie zurückkehren zu können. Zugleich hat mir mein politisches Verständnis in meinen beruflichen Führungsaufgaben außerhalb der Politik ziemlich geholfen. Wollen wir wirklich, dass solche Zickzack-Karrieren in der Politik nur dann möglich sind, wenn Parteien in die außerparlamentarische Opposition müssen? Ich finde: Das kann es nicht sein, und deshalb müssen wir hier neu denken.

Demokratie lebt von ihrer Fähigkeit, sich ständig verändern und modernisieren zu können. Wer den Parlamentarismus, seine Prozesse und Strukturen auf der Höhe der Zeit halten will, der muss das alles immer wieder neu gestalten und hinterfragen wollen. Meine Fraktion hat bereits zu Anfang der aktuellen Wahlperiode ein Konzept zur Modernisierung von Arbeitsweisen des Deutschen Bundestags vorgelegt. Die Kanzlerinnenbefragung etwa ist inzwischen etabliert. Jeder, der dieses Format schon einmal beobachtet hat, weiß, welche Bereicherung das ist. Erst recht im Vergleich mit dem üblichen Tiefpunkt jeder Sitzungswoche – der sogenannten Fragestunde, in der Parlamentarische Staatssekretäre vorformulierte Antworten auf vorher eingereichte Fragen herunterbeten. Die Regierungschefin stellt sich regelmäßig der Arena des Parlaments, oft bleibt sie souverän, mal gelingt es den Parlamentariern, sie in die Enge zu treiben oder einem neuen Thema öffentliche Beachtung zu verschaffen. Dieses Instrument hat dem Parlamentarismus neues Leben eingehaucht, am Mittwochnachmittag jedenfalls, und diese bisher freiwillige Übereinkunft sollte dauerhaft in der Geschäftsordnung des Bundestags verankert werden. Das Beispiel zeigt, kleine Veränderungen können einen großen Unterschied machen!

Ich bin überzeugt: Unsere Demokratie wird stärker, wenn die Abgeordneten vielfältige und moderne Lebensläufe leben dürfen. Und genau hier gibt es Nachholbedarf. Dafür muss man die technischen Revolutionen der vergangenen Jahre nutzen und ein paar kulturelle Entwicklungen einfach umarmen.

Ein Beispiel: Unsere Gesellschaft hat sich glücklicherweise beim Umgang mit Babys und Kleinkindern in den letzten Jahrzehnten nach vorne entwickelt. Egal ob in Restaurants, in Freizeiteinrichtungen oder sogar bei Parteitagen: Elternteile mit Kleinkindern auf dem Arm und einem Kinderwagen sind ein normales Bild unseres Zusammenlebens geworden, auch im beruflichen Kontext. Zur Vereinbarkeit von Familie und Beruf gehören eben nicht nur flächendeckend gute Betreuungseinrichtungen mit endlich realistischen Öffnungszeiten, sondern auch gesellschaftliche Selbstverständlichkeit. Die Fraktionsvorsitzende der Freien Demokraten in Bremen hat im Spätsommer 2020 bei ihrer Rede auf dem Bundesparteitag wie selbstverständlich ihr Kind auf dem Arm gehabt – es war ein tolles Bild. Noch großartiger war das Bild aus dem Neuseeländischen Parlament, auf dem der Parlamentspräsident höchstselbst sich kurz um das Baby eines Abgeordnetenkollegen kümmerte, währen der junge Vater eine Rede hielt. Eine moderne Gesellschaft muss auch durch den Parlamentarismus vorgelebt werden. Sollte ich selbst Vater werden, würde ich vielleicht nicht von Wolfgang Kubicki verlangen, dass er auf das Baby aufpasst. Aber warum muten wir Abgeordneten mit jungen Kindern noch immer den Stress zu, hastig einen Ausgleich für die gerade weggebrochene Betreuung suchen zu müssen, weil ein Baby im Plenarsaal des Bundestages während Debatten schlechterdings verboten ist? Wir sollten einen lockereren Umgang haben und Babys auch im Herzen des Parlamentarismus willkommen heißen. Was für ein schöner erster Berührungspunkt mit unserer Demokratie wäre das!

Und natürlich gehen diese Fragen viel weiter. Auszeiten, um sich um die eigenen Kinder kümmern zu können, sind in der Arbeitswelt zum Glück selbstverständlich geworden und eine Errungenschaft einer modernen Gesellschaft – für beide Geschlechter. Für Parlamentarierinnen und für Parlamentarier gibt es aber auf Bundesebene keine Möglichkeit für eine Elternzeit. Die Fragen von Elternschaft und Bundestagsmandat und der hier bestehende Reformbedarf sind ein wichtiges Thema, auch Kolleginnen und Kollegen machen in aktuellen Initiativen darauf aufmerksam. Das ist aber nur ein Beispiel für den Modernisierungsbedarf unseres Parlamentarismus mit Blick auf moderne Biografien. Denn Modernisierungsbedarf gibt es generell.

Für immer mehr Menschen ist es selbstverständlich, nicht nur zwischen Arbeitgebern zu wechseln, sondern auch zwischen Erwerbsformen. Sie nehmen für ein paar Jahre ein Angebot für eine Anstellung an, gründen dann eine Firma oder machen sich ohne Angestellte selbstständig und gehen später vielleicht wieder in eine Anstellung oder andersherum oder auch gleichzeitig. Ich bin mir sicher: Das fördert Innovation. Lebenslaufhoheit ist kein Lifestyle-Thema einiger Privilegierter, sondern ein berechtigtes Verlangen vieler und insbesondere der jüngeren Generation. Die alten Schablonen vorgezeichneter Berufsbiografien sind nicht mehr ansprechend. Und das gilt eben auch für die Politik: In den USA gibt es traditionell eine andere Offenheit für solche Biografien, Menschen wechseln viel selbstverständlicher zwischen Politik und Wirtschaft ebenso wie zwischen Praxis und Wissenschaft hin- und her. Ich bin mir sicher: Das macht »Public Service« und Privatsektor besser. Es ist eine Aufgabe für unsere politische Kultur einerseits und die Personalauswahl- und Personalentwicklungsprozesse in den politischen Parteien andererseits, hier besser zu werden.

Mir geht es jedoch mindestens so sehr um die kontinuierliche Horizonterweiterung während politischer Mandate! In den letzten Jahren ist viel über lebenslanges Lernen und die stetig zunehmende Bedeutung kontinuierlicher Weiterbildung geredet worden, und das zu Recht. Vom lebenslangen Lernen dürfen Führungskräfte wie Politiker aber nicht nur in Sonntagsreden sprechen – sie müssen auch bei sich selbst anfangen. Die Aufgabe als Abgeordneter ist voller Input, dicht und mit hoher Frequenz. Anhörungen, Gespräche mit Experten und Betroffenen, Podien, Briefings, Lektüre und vieles mehr. Weiterbildung muss aber auch abseits der eigenen Fachlichkeit gelingen. Sich hierfür im stressigen (Politiker-)Alltag die notwendige Zeit zu reservieren ist eine Aufgabe des Selbstmanagements.

Es ist aber sicher kein Zufall, dass viele erfolgreiche Führungspersönlichkeiten sich sehr bewusst immer wieder auch kleine Auszeiten der wirklich vertieften Weiterbildung organisiert haben. Bill Gates, der sich während seiner Karriere jedes Jahr zum mehrwöchigen Lese-Sabbatical im Selbststudium zurückzog. Kai Diekmann, der als *Bild*-Chefredakteur einige Monate im Silicon Valley zum Vor-Ort-Studium verbrachte, um danach die Digitalisierung des eigenen Geschäftsmodells voranzutreiben. All das ist Teil moderner Führung, denn zu echtem Horizontgewinn gehört zwingend der Perspektivwechsel.

Und als Abgeordneter? 2019 saß ich für einige Wochen wieder in einem Hörsaal, allerdings in einem sehr modernen Forumsbau. An einem Tag standen links neben mir Livestream-Kameras, rechts neben mir saß auf den Stufen die erste weibliche Finanzministerin Paraguays, die wie ich zuhörte und sich Notizen machte. An einem anderen Tag war die EU-Wettbewerbskommissarin für einen Input zu Gast und kurz zuvor ein afrikanischer Präsident. Egal bei welcher Gelegenheit ich mich im Publikum umgeschaut habe: Die Zuhörer kamen nicht nur aus der ganzen Welt, viele standen auch mitten im Berufsleben. Das war nur halt nicht in Deutschland, sondern an der amerikanischen Traditionsuniversität Harvard – wo ich als Kennedy-Fellow einen guten Monat lang selbst etwas lehren und vor allem viel lernen konnte. Auch dieses Mini-Sabbatical mitten in meiner zweiten Legislaturperiode hat mich wieder zum besseren Abgeordneten gemacht. Ich habe nachgedacht, dazugelernt, Themen vertieft, Ideen entwickelt, in der Distanz Aufgaben reflektiert und politische Impulse reifen lassen.

Aber ich hatte auch Glück. Glück, dass es nur bei Bemerkungen von manchen Kollegen blieb (»Fortbildung für deine Mitarbeiter gut und schön, aber du bist doch Abgeordneter – du kannst das nachts machen oder nach der Karriere«) und niemand echte Kritik übte. Und Glück, dass ich derzeit Oppositionsabgeordneter bin und keine Regierungsmehrheit sichern musste. Denn eine verlässliche, kalkulierbare parlamentarische Regelung für kleinere Auszeiten zur Weiterbildung gibt es natürlich nicht. Ich war und bin der Überzeugung, genau das Richtige getan zu haben. Aber eben auch in einer Grauzone. Die faktische Möglichkeit ist daher eine Frage der Parlamentsorganisation und wird damit Gegenstand einer Reform, die man in einem Jahr umsetzen könnte und die unsere Demokratie nach meiner Überzeugung besser machen würde.

Wir alle müssen uns heute die gesellschaftlich relevante Frage stellen, wie wir uns die Zeit für lebenslanges Lernen, den Nachwuchs oder die Pflege von Angehörigen nehmen wollen und können – denn das macht uns zu besseren Partnern, besseren Menschen und besseren Mitarbeitern wie Führungspersönlichkeiten, auch den politischen. Und weil das auch für die gewählten Vertreterinnen und Vertreter des Volkes gelten sollte, schlage ich solche Auszeiten auch für Parlamentarierinnen und Parlamentarier vor. Ganz konkret könnte zum Beispiel jede und jeder Abgeordnete im Laufe der vier Jahre einer Legislaturperiode die Möglichkeit haben, für eine Zeit von insgesamt bis zu drei Monaten das Mandat ruhen zu lassen. Diese Zeit kann für eine mandatsbezogene Weiterbildung wie zum Beispiel ein Fellowship genutzt werden, für Elternzeit oder auch für die Pflege der Älteren und Kranken in der eigenen Familie.

Eine angemessene Reduktion der finanziellen Ausstattung für diese Zeit wäre für mich selbstverständlich. Aber es sollte eine in der Geschäftsordnung klar verankerte und kulturell unzweifelhaft akzeptierte Regelung geben. Die Stimme könnte währenddessen entweder übergangsweise an eine andere Abgeordnete oder einen anderen Abgeordneten aus der eigenen Fraktion übertragen werden, wie es heute zum Beispiel in Frankreich unter bestimmten Bedingungen möglich ist und in Großbritannien im Unterhaus erprobt wird. Oder die unter den Fraktionen im Bundestag heute im Falle kurzfristiger Abwesenheiten ohnehin auf freiwilliger Basis üblichen Pairing-Vereinbarungen werden für diesen Fall verbindlich kodifiziert – so ist es etwa im Landtag von Baden-Württemberg üblich, der 2014 als bisher einziges deutsches Parlament eine vorbildliche Auszeit-Regelung für Abgeordnete geschaffen hat, zumindest im Falle der Elternschaft.

Auch abseits dieser drei Monate sollten wir New Work und die Erfahrungen des letzten Jahres ernst nehmen und darüber sprechen, dass die Mandatsausübung insgesamt ortsunabhängiger geschehen kann. Sei es wegen kurzfristiger familiärer Verpflichtungen oder weil die Anreise für etwa nur eine einzige Anhörung ökologisch und terminlich einfach nicht sinnvoll ist. Die Debatten im Plenum leben von Präsenz, das ist zu Recht ein zentraler Bestandteil unseres Parlamentarismus. Aber wenn in den letzten Monaten viele Ausschusssitzungen und Anhörungen digital oder hybrid möglich waren, sollten wir das dann in Teilen nicht auch generell ermöglichen? Das Europäische Parlament macht uns bereits vor, dass auch elektronische Abstimmungen vor Ort und sogar über Distanz möglich sind. Und auch die Abstimmungen, bei denen wir aus Gründen der Repräsentativität oder anderen parlamentarischen Gepflogenheiten an der Anwesenheit festhalten wollen, können digitalisiert und damit beschleunigt werden, wie meine Fraktion ebenfalls schon zu Anfang der Legislaturperiode vorgeschlagen hat. All das würde auch die Parlamentarierinnen und Parlamentarier freier entscheiden lassen, wann sie wo arbeiten – und damit den Bundestag kompatibler zum modernen Leben machen.

Wenn ein Mandat nicht mehr eine Auszeit vom digitalen Leben bedeutet, sondern Auszeiten vom Mandat für Weiterentwicklung im Leben genutzt werden können, dann erreichen wir einen echten Mehrwert für den politischen Alltag und die Lebensläufe derjenigen, die im Parlament eben Abgeordnete des ganzen Volkes mit allen seinen Lebensentwürfen und -situationen sind. Durch die Möglichkeiten echter Horizonterweiterung erwirken wir bessere politische Entscheidungen!

***

LEBENSLANGE WEITERBILDUNG
FÜR PARLAMENTARIER

Idee Mandatsträger sollen die Möglichkeit erhalten, kürzere Auszeiten zur Weiterbildung oder zur Fürsorge für Verwandte zu nehmen. Diese Zeit kann zum Beispiel für ein Fellowship genutzt werden, für Elternzeit oder auch für die Pflege der Älteren und Kranken in der eigenen Familie.

Effekt Lebenslanges Lernen und Zeit für Angehörige erweitern den Horizont von Abgeordneten. Die Perspektivwechsel ermöglichen bessere politische Entscheidungen. Zudem gewinnt man mehr jüngere Menschen für die Politik, die Berufswechsel und Auszeiten für Weiterbildung als Selbstverständlichkeit begreifen.

Umsetzung Die Möglichkeit für Auszeiten sollte in der Geschäftsordnung der Parlamente verankert werden. Abgeordnete sollten im Laufe der vier Jahre einer Legislaturperiode die Möglichkeit haben, für eine Zeit von insgesamt bis zu drei Monaten das Mandat ruhen zu lassen. Die Stimme dürften sie währenddessen delegieren. Zudem sollten die Personalauswahl- und Personalentwicklungsprozesse in den politischen Parteien modernisiert werden.

✳✳✳

Johannes Vogel ist seit 2017 zum zweiten Mal FDP-Bundestagsabgeordneter. Von 2009 bis 2013 war er arbeitsmarktpolitischer Sprecher seiner Fraktion. In der Zwischenzeit übernahm er verschiedene Führungspositionen bei der Bundesagentur für Arbeit, etwa als Leiter des Jobcenters in Wuppertal. Er ist außerdem Generalsekretär der nordrhein-westfälischen FDP und führte von 2005 bis 2010 die Jungen Liberalen.

MEHR FUCK-UP NIGHTS FÜR DIE DEMOKRATIE

Martin Fuchs

Fehler zulassen, Kontrolle abgeben und Wissen teilen:
Politische Institutionen sollten sich die Netzkultur
als Vorbild nehmen und zeitgemäßer arbeiten.

Videodienste und Kommunikationsplattformen sind die Gewinner der Coronakrise. Seit viele Firmen die Arbeit ins Homeoffice verlagert haben, ist persönlicher Austausch nur noch auf digitalem Weg möglich. Plötzlich mussten sich selbst die größten Skeptiker mit digitalen Tools anfreunden. Und siehe da: Es klappt. Denn was wir unter dem Schlagwort Digitalisierung diskutieren, ist kein reines Technologie-Thema, sondern eine kulturelle Frage. Neue digitale Formate setzen eine Bereitschaft voraus, sie anzuwenden. Umgekehrt verändern sie unsere Kultur überall dort, wo sie zum Einsatz kommen. Übertragen auf den politischen Bereich heißt das: In neuen digitalen Formaten steckt nicht nur eine Chance für unsere Demokratie, sie werden auch unsere politische Kultur verändern. Dafür müssen alle Akteure eine Bereitschaft entwickeln.

In vielen Institutionen, Parteien und unter Abgeordneten fehlt aktuell jedoch ein aktives Change Management. Die Netzkultur zeigt in vielen Bereichen, wie das aussehen könnte, und liefert Ansätze, die auch die Demokratie befruchten können. Wir sollten uns auf sie einlassen und sie stärker in demokratische Prozesse und Strukturen integrieren.

Damit können alle Kommunalpolitikerinnen und -politiker, Abgeordnete in ihren Wahlkreisen oder Behörden- und Abteilungsleiter sofort beginnen. Die Technologie und die digitalen Formate stehen bereit, es mangelt lediglich an kulturellem Verständnis, sie auch zu nutzen. Die kommende Bundesregierung könnte dieses Verständnis befördern und in ihrem Koalitionsvertrag grundlegende Weichen für einen Change stellen: Sie könnte festlegen, dass zu modernem Arbeiten digitales Arbeiten gehört, und ein neues Digitalministerium schaffen. Dieses Ministerium muss dringend auch die Personalverantwortlichkeit erhalten, die bisher im Innenministerium angesiedelt ist. Dann läge das Personalmanagement – Weiterbildung, mobiles Arbeiten, Laufbahngestaltung – in den gleichen Händen jener Strategen, die auch für die technische Neuaufstellung der Verwaltungen zuständig sind. Zugleich wäre es ein wichtiges Signal gegen die Vorbehalte, die der Netzkultur auch in Beamtenkreisen noch entgegengebracht wird.

Mit Netzkultur verbinden viele zunächst Negatives: Hass, Hetze, Cyber-Grooming, Mobbing, Nonconsensual Porn, Radikalisierung, Trolling oder auch die Empörungwellen auf Social Media. All diese Phänomene sind Teil des Internets. In der öffentlichen Wahrnehmung und der medialen Berichterstattung nehmen diese Themen aber einen überproportional großen Anteil ein. Selbstverständlich müssen wir auf diese Auswüchse schnellstmöglich gesellschaftliche, juristische und auch regulatorische Antworten finden. Was wir dabei aber nicht vergessen sollten: Das Netz ist auch ein offener, befruchtender, demokratiefördernder, sozialer und unterstützender Raum.

Die sogenannte Crowd, der Schwarm an Nutzerinnen und Nutzer, hat Kulturtechniken entwickelt, die auch das Potenzial haben, die repräsentative Demokratie resilienter zu machen – analog wie digital. Denn beide Welten lassen sich längst nicht mehr trennen. Seit sich Smartphones etabliert haben, sind analoger und digitaler Alltag eng verschmolzen. Mit keinem anderen Gerät werden online mehr Nachrichten konsumiert, wird mehr kommuniziert und gesurft.

Ich werde oft gefragt, wie viele Stunden am Tag ich online bin. Seit einigen Jahren kann ich das nicht mehr seriös beantworten. Viele Gerätschaften wie etwa Autos oder Kaffeeautomaten, die ich täglich nutze, sind längst mit dem Internet verbunden. Wenn ich mich in der Stadt bewege, habe ich oft einen mobilen Stadtplan geöffnet oder streame Musik über das Netz. Zudem versende ich automatisiert voreingestellte Postings in den sozialen Netzwerken oder lasse meine Corona-Warn-App im Hintergrund laufen, um mich und andere zu schützen. Bin ich in diesen Situationen on- oder offline?

Diese fast schleichende, aber immer stärkere Vermischung von kulturellen Räumen betrifft nicht nur unser Freizeitverhalten, sondern auch den politischen Raum. Politischen Akteurinnen und Akteuren ist dies häufig jedoch nicht bewusst. Ich denke da nur an die vielen verzweifelten Plakate am Straßenrand, auf denen ein Hashtag die angebliche Modernität einer Partei symbolisieren soll. Er wird ohne strategische Anbindung als Designelement eingesetzt, mit teils fataler Wirkung. Kritikerinnen und Kritiker oder politische Mitbewerberinnen und -mitbewerber können das gesetzte Schlagwort im Netz nämlich genauso gut für kritische Statements nutzen und somit die öffentliche Wahrnehmung der eigenen Positionen extrem beeinflussen.

Politische Kommunikation ist in digitalen Zeiten schwer steuerbar, Inhalte können ungeplant viral gehen, sie können zu Memes werden, aber auch komplett aus dem Zusammenhang gerissen und für Falschnachrichten kontextualisiert werden. Das Netz ist zum größten Archiv der Menschheit geworden, längst vergessene Inhalte können Jahre später eine unerwartete Renaissance erhalten. Diesen Kontrollverlust müssen sich Akteurinnen und Akteure bewusst machen. Sie sollten lernen, ihm etwas Positives abzugewinnen.

Trotzdem glauben viele Politikerinnen und Politiker, Behörden und Institutionen weiterhin daran, dass sie der Öffentlichkeit kritische Informationen vorenthalten könnten. Sie glauben, sie könnten unliebsame Berichterstattung verbieten, oder stoßen aus Angst vor negativen Diskussionen Debatten gar nicht erst an, schließlich könnte es Gegenwind im Netz geben.

Das ist grundsätzlich nicht falsch. Es ist aber die falsche Reaktion, daraus abzuleiten, lieber nicht zu kommunizieren und politische Positionen so lange abzuschleifen, bis sie anschlussfähig sind. Politische Akteurinnen und Akteure sollten sich selbstkritischer eingestehen, dass sie Debatten und Ideen in einer Gesellschaft mit 83 Millionen potenziellen Publizistinnen und Publizisten nicht steuern können. Diese Erkenntnis könnte Grundstein für einen selbstsicheren Umgang mit Kritik sein. Er würde unsere Demokratie resilienter machen und vor Beschädigungen schützen.

Dazu gehört, nicht auf jede Kritik, sobald sie orchestriert und nur der Provokation wegen hervorgebracht wird, zu reagieren. Schon gar nicht sollte reflexartig mit juristischen Schritten gedroht werden, wenn man unliebsame Aussagen verhindern will. Wer Pech hat, erreicht damit genau das Gegenteil: Alle sprechen plötzlich darüber. Stichwort Streisand-Effekt.

Kritik an eigenen politischen Ideen und Aktivitäten sollte man hingegen proaktiv aufgreifen und eigene Schwachpunkte anerkennen. Dieses Vorgehen zeugt von diskursiver Stärke und nicht von Schwäche. Konkret organisierbar wäre dies zum Beispiel in Form eines Take-over: Dabei lädt man Interessenvertretungen oder politische Mitbewerberinnen und Mitbewerber auf den eigenen digitalen Kanälen aktiv ein, als Gastautorinnen und -autoren ihre kritische Sichtweise für jeden sichtbar zu artikulieren. So erreicht man auch Bürgerinnen und Bürger anderer politischer Lager, zeigt Respekt vor anderen demokratischen Meinungen, dokumentiert den Willen dazuzulernen und strukturiert eine Debatte souverän an einem Ort – für alle nachvollziehbar.

Politische Akteurinnen und Akteure müssen auch nicht auf jeder Plattform aktiv sein, um dort für ihre Inhalte zu werben. Man kann Konzepte, Ideen oder Visionen auch so zur Verfügung stellen, dass sie Sympathisantinnen und Sympathisanten in all die Diskurs-Ecken des Netzes und der analogen Gesellschaft tragen können. Auf diese Weise delegiert man elegant den Diskurs. Wer der eigenen Community absolutes Vertrauen in ihre Fähigkeiten entgegenbringt, spart Ressourcen. Zudem nehmen Bürgerinnen und Bürger die Inhalte vertrauens- und respektvoller wahr, da sie von nahestehenden Menschen mit emotionalem Reputationsvorschuss kommen.

Neben dem kommunikativen Kontrollverlust wünschte ich mir auch einen organisatorischen Kontrollverlust. Parteien und viele politische Systeme haben mit den Jahren Strukturen herausgebildet, die in der Praxis zu unzähligen Freigabeschleifen, Intransparenz, lethargischen Hierarchien und Kontrollinstanzen führen. Das ist per se nicht falsch. Institutionen brauchen interorganisationale Kontrolle.

Trotzdem wäre es ein Gewinn für alle, wenn man Mitarbeitenden mehr Prokura und Vertrauen schenken würde, damit sie eigenverantwortlicher und somit diskursfähiger im Sinne der Organisation agieren könnten. Dies geht nicht in jedem Falle. Aber es gibt Prozesse, bei denen die Parteivorsitzende nicht jedes Komma freigeben muss und die Partei nach außen trotzdem geschlossen auftritt. Nur so erzeugt man Engagement und mobilisiert die Mitglieder. Es ist eine gute Chance, um demokratische Organisationen zu revitalisieren. Diese Veränderung muss im besten Fall mit der Etablierung einer modernen Fehlerkultur einhergehen.

Wir alle machen Fehler, jeden Tag, mehrfach. Auf politisch Handelnde scheint das allerdings so gut wie nie zuzutreffen. Ihre Außendarstellung und ihr Handeln sind stark auf Fehlervermeidung ausgerichtet. Dieser Ansatz ist falsch, denn er hat nichts mit der Lebensrealität der Bürgerinnen und Bürger zu tun. Selbstverständlich prägen uns Fehler im privaten wie beruflichen Kontext. Sie machen uns vielleicht sogar zu besseren Menschen – wenn wir aus Fehlern lernen.

Im Netz hat sich ein toleranter Umgang mit Fehlern etabliert, den ich gerne auch in anderen gesellschaftlichen Bereichen sehen würde. So hat sich in der IT-Branche etwa das Beta-Prinzip durchgesetzt: Unfertige Produkte werden auf dem Markt angeboten, die konstruktive Kritik der Nutzerinnen und Nutzer fließt wiederum in die Verbesserung des Produkts ein. Das Eingeständnis eines Fehlers bekommt auch auf Social Media oft sehr viel Zuspruch. Das kritische Reflektieren und die souveräne Kommunikation werden dabei honoriert. Scheitern ist ein Teil der Netzkultur.

Wir sollten lernen, Fehler zu feiern, zu ihnen zu stehen und all jene nicht gleich mit Häme zu überkübeln, die einen Fehler eingestehen. Die mittlerweile beliebten Fuck-up-

Nights, auf denen Menschen über ihr Scheitern offen berichten, wären ein gutes Format dafür. Warum nicht auch Fuck-up Nights in der Politik abhalten? Eine verlorene Wahl, ein insolventes Unternehmen oder ein falscher Zungenschlag in einer Talkshow sollten keine Eintrittskarte mehr für Schmähkritik sein, sondern ein Anlass für aufmunternde Worte. Politikerinnen und Politiker, Medienschaffende sowie kritische Bürgerinnen und Bürger müssen lernen, dass nicht jeder Fehler ein Skandal ist. Dass Fehler genauso zum politischen Alltag gehören wie Erfolge. Denn aus ihnen können wir alle lernen. Eine gut gepflegte Community weiß das und steht auch dann hinter den Akteurinnen und Akteuren.

Parteien sollten daher auch verinnerlichen, dass sie der Idee nach Communities sind. Das heißt: Sie versammeln eine Gruppe von Menschen mit gleichen Werten, ähnlichen Zielen und dem Wunsch, gemeinsam mehr zu erreichen. Mein Eindruck ist allerdings, dass diese Communities schlecht gepflegt werden: Nur 30 bis 40 Prozent der zahlenden Parteimitglieder können von der Parteizentrale via E-Mail erreicht werden. Zu oft wird nur top-down kommuniziert. Starre Mitgliedsmodelle schrecken viele potenziell Engagierte ab.

In Zeiten, in denen besonders bei den Volksparteien die Mitgliederzahlen weiter sinken, muss der Communitybegriff weiter gefasst werden. Politische Institutionen müssen viel genauer wissen, wer ihre Unterstützenden sind und wo sie sich engagieren (wollen). Nur dann kann man sie gezielt ansprechen und ihre Kreativität, Zeit und Expertise, eventuell auch finanzielle Mittel an die Institution binden.

Sympathisantinnen und Sympathisanten müssen zu Botschafterinnen und Botschaftern der Werte, Ideen und aktuellen Projekte werden. Sie müssen in Kampagnen, aber auch innerorganisatorische Diskurse und Prozesse einbezogen werden. Sie dürfen nicht nur Empfängerinnen und Empfänger von Botschaften der Parteispitze sein, das ist zu wenig. Die meisten Aktiven bringen nur temporäre Begeisterung und Ressourcen mit, dieses Engagement ist schwerer zu managen, muss aber als genauso wertvoll betrachtet werden wie kontinuierliches Engagement.

Ähnliches wünschte ich mir in etwas anderer Form von Bundes- und Landesämtern, Ministerien oder auch Parlamentsverwaltungen. Kommunikation darf nicht als Einbahnstraße erfolgen, die Expertise der Fans und Follower sollte genutzt werden, auch wenn es nur darum geht, zu erfahren, in welcher Stadt das größte Interesse für eine geplante Veranstaltung besteht.

Sehr gut funktioniert das aktive Fragen aber auch bei speziellen Fachthemen. Meist findet man schnell Fachleute, die gerne bei Wissenslücken und Einordnungen helfen. Macht diese Fachleute zu ehrenamtlichen Mitarbeitenden und würdigt sie öffentlich. Als Vorbild schweben mir erfolgreiche Projekte im Bereich Citizen Science vor, bei denen Bürgerinnen und Bürger die Forschung unterstützen können, indem sie beispielsweise die Rechenleistung ihres Computers zur Verfügung stellen oder Singvögel im Garten zählen.

Für diese Formen der Beteiligung muss es niedrigschwellige Wege geben: direkte Feedback-Kanäle via Messenger-Dienste, Apps, mit denen Fahrradfahrende Straßenschäden mit einem Klick melden, oder Meme-Templates, die man für Freunde und Communities anpassen kann. Auf diese Weise fließt das Wissen von Bürgerinnen und Bürgern ein und sie lassen sich als Stimmen für die repräsentative Demokratie im öffentlichen Diskurs mobilisieren.

Damit ist ein weiterer zentraler Grundpfeiler der Netzkultur berührt: die Kultur des Teilens. Denn Antrieb und Katalysator für die Verbreitung des Internets war der Wunsch der Wissenschaft, sich stärker zu vernetzen, um Informationen für alle transparent und zugänglich zu machen. In der Politik wird Wissen oftmals noch als Machtressource benutzt, sowohl innerparteilich aber auch zwischen Regierung und Opposition oder zwischen Bürgerinnen, Bürgern und Verwaltung. Wissen ist aber kein Eigentum, sondern der Nährboden der Gesellschaft.

Deshalb wünschte ich mir im Sinne einer resilienten Demokratie, dass politische Akteurinnen und Akteure einen Machtverlust tendenziell in Kauf nehmen würden, um dafür Ideen, Prozesse und Ansätze offener zu kommunizieren. Nur so können Lösungen gemeinsam entwickelt und Fehler in der Zukunft vermieden werden. Zugleich ließe sich auf diesem Weg eine Kultur des Lobens etablieren. Besonders Projekte aus dem vorpolitischen Raum, Ideen des politischen Gegners und Erfolge, die ganz ohne Zutun der Politik entstanden sind, sollten öffentlich gelobt werden – unabhängig von Preisverleihungen und prestigeträchtigen Fördermittelübergaben. So stärkt man Initiativen den Rücken, fördert die gesellschaftliche Verbreitung von Best Practices und schafft Raum für externe Impulse.

Gleichzeitig ist diese Form des Teilens auch ein demütiger Akt, der zeigt, dass Politik nicht alles (besser) weiß. In Wahlkämpfen und Reden wird zu oft der Eindruck erweckt, dass man auf alle komplexen Herausforderungen immer perfekte und schnelle Antworten parat hat. Diese über viele Jahrzehnte aufgebaute Erwartungshaltung kann Politik nie erfüllen.

Die Kultur des Teilens setzt auf kollektive Intelligenz und eine kontroverse öffentliche Debatte, um Wissen zu vertiefen und Vorgehensweisen auszuhandeln. Davon kann Politik ganz konkret profitieren. Sobald Bürgerinnen und Bürger das Gefühl haben, dass ihre Kompetenzen und Meinungen wertgeschätzt werden, ist die Crowd auch bereit, ihre Kreativität, ihr Wissen und ihre Zeit zu investieren, um die Gesellschaft voranzubringen. In einer Kultur des Teilens stellt Diversität eine Stärke und kein Problem dar. Dieses Potenzial sollte viel stärker genutzt werden. Es liegt teilweise komplett brach.

Dies alles sind keine neuen, sondern längst erprobte Ideen. Die Herausforderung besteht darin, die positiven Aspekte der Netzkultur für unsere demokratischen Verfahren, Traditionen, Regeln und Strukturen im Alltag fruchtbar zu machen. Wir alle sind Demokratie, wir alle sollten diese Kultur leben, und ich wünschte mir, dass politische Akteurinnen und Akteure mit gutem Beispiel vorangehen.

***

Idee Bewusste Macht- und Kontrollabgabe, eine Fehlerkultur, das Organisieren von Communities und eine Kultur des Teilens müssen im politischen Alltag selbstverständlich werden. Sie stärken die Demokratie.

Effekt Die Übertragung dieser Prinzipien aus der Netzkultur auf die Politik ermöglicht es den Bürgerinnen und Bürgern, ihr Wissen einzubringen, sich temporär zu engagieren, an Diskursen teilzunehmen und an Lösungen zu arbeiten.

Umsetzbarkeit Die kommende Bundesregierung sollte in ihrem Koalitionsvertrag ein neues Digitalministerium schaffen, dem auch die Personalhoheit übertragen wird. Es wäre somit nicht nur für die technische Erneuerung der Verwaltung zuständig, sondern auch für die Weiterbildung von Beamten und die Implementierung einer modernen Arbeitskultur.

Martin Fuchs berät Regierungen, Parlamente, Parteien und Verwaltungen zum Thema digitale Kommunikation. Zuvor war er Politik- und Strategieberater in Brüssel und Berlin. Er ist Dozent für digitale Kommunikation und Politik an verschiedenen Hochschulen. Zudem ist er als Kolumnist u. a. für das Magazin *politik & kommunikation* tätig und bloggt über Digitalisierung in der Politik unter www.hamburger-wahlbeobachter.de.

DEMOKRATISCHE ÖFFENTLICHKEIT UND GUTE DEBATTEN FÖRDERN

ABHÄNGEN IM GEMEINSAMEN WOHNZIMMER

Peter Siller

Im öffentlichen Raum kommen Menschen aus unterschiedlichen Schichten und Milieus zusammen. Länder und Kommunen sollten diese Räume erhalten und neue Konzepte für ihre Nutzung fördern.

Unsere Demokratie lebt von der Begegnung der Bürgerinnen und Bürger über die sozialen, weltanschaulichen und kulturellen Unterschiede hinweg. Sie lebt von der Debatte und vom Streit. Sie lebt bereits davon, dass wir uns in unseren unterschiedlichen Lagen und Auffassungen wie auch in unserer fundamentalen Gleichheit überhaupt noch sehen und erkennen. Demokratie kann nur gelingen, wenn Bürgerinnen und Bürger nicht vergessen, dass sich andere in anderen Lagen befinden, dass andere andere Interessen haben, anderen Lebensentwürfen folgen oder anderer Überzeugung sind. Öffentliche Räume sind eine Voraussetzung für ein freies Zusammenleben in Zuwendung und Solidarität. Sie sind aber auch die vorinstitutionellen Orte des Abgleichs und des Aushandelns, ohne die Demokratie nicht gelingen kann.

Wenn wir öffentlichen Raum als gemeinsamen Raum der Unterschiedlichen begreifen, so wird sofort deutlich, dass es nicht in erster Linie auf die Quantität der Teilnehmenden ankommt, sondern auf seine soziale, politische und kulturelle Durchlässigkeit. Am Tresen einer Eckkneipe oder in einer Chatgruppe können drei Menschen unterschiedlicher Herkunft einen öffentlichen Raum erzeugen, während eine homogene Gruppe von 20 000 Anhängern oder Followern noch nichts zur Herstellung von Öffentlichkeit beigetragen hat.

Als allgemeine gesellschaftliche Begegnungsräume gibt es »öffentlichen Raum« zudem nur im Plural. Öffentliche Räume sind weit mehr, als die Engführung auf öffentliche Plätze und Parks oft nahelegt. Sozial übergreifende Begegnung entsteht in Kitas und Schulen, in Zügen und im ÖPNV, in Kiezläden oder Eckkneipen, in Betriebsstätten und Bürogemeinschaften, in Arztpraxen und auf Poststellen, in Kultureinrichtungen und Sportvereinen, in Bürger- und Jugendzentren, in Clubs und Cafés, auf Gehwegen und an Flussufern. Sie entsteht in den Medien, in Zeitungen und im Fernsehen, in Podcasts und in Videoformaten, in denen unterschiedliche Wissensstände, Erfahrungen und Meinungen aufeinanderprallen und ausgetauscht werden. Sie entsteht in den Foren jener sozialen Medien, die auf Durchlässigkeit und Austausch anstatt auf Kammerbildung und das eigene Echo angelegt sind. Am Ende sind selbst die gesetzgebenden Parlamente, die Bezirks- und Stadtversammlungen Teil des öffentlichen Raums, wenn auch mit besonderen Formen der Repräsentation und einer spezifischen Entscheidungsgewalt, die sich gerade in ihrer repräsentativen Öffentlichkeit begründet.

Öffentliche Räume als Orte der allgemeinen Begegnung der Unterschiedlichen sind ein Gewinn für Aufgeschlossene und Hilfsbereite, für Kontaktfreudige und Gesprächsoffene, für Flaneure, Müßiggänger und Voyeure. Als unabdingbare Orte der gesellschaftlichen Begegnung, der Aushandlung und des Streits unter Verschiedenen stellen sie jedoch notwendigerweise auch eine Zumutung dar. Öffentlicher Raum heißt, sich der Gegenwart der anderen auszusetzen, ihren

Bedürfnisse, ihren Sorgen, ihren Überzeugungen, die nicht die eigenen sind. Öffentlicher Raum kann Stress bedeuten, kann zu Streit und Konflikten führen. Doch es ist eben diese Zumutung des öffentlichen Raums, in der sich zugleich seine demokratische Notwendigkeit begründet. Integration, Solidarität und Kooperation können nur entstehen, wenn die Menschen sich als Gleiche den Differenzen in Lage und Auffassungen stellen, wenn Respekt eingeübt und Konflikte ausgetragen werden.

Deshalb ist öffentlicher Raum auch mehr als gesellschaftliche Diversität, in der jede Person einen eigenen Raum und ein eigenes Angebot findet. Rückzug ist notwendig, um Kraft zu sammeln – auch für öffentliche Intervention. Doch erst der öffentliche Raum bringt Unterschiede ans Licht, führt sie zusammen und bringt Menschen dazu, sich zu verhalten. Öffentlicher Raum ist kein Spartenprogramm, das sich wegzappen lässt – ihm geht es um das Allgemeine, auf das sich jede plurale Demokratie zu beziehen hat.

Öffentlicher Raum kann mit der Angst verbunden sein, dass eigene Privilegien erodieren, weil andere auch durch die Tür kommen. Öffentlicher Raum kann auch mit der Angst verbunden sein, dass die eigenen Benachteiligungen zunehmen, wenn man durch die Tür geht und sich dem Selbstbewusstsein der Privilegierten aussetzt. (Die Schule ist ein Ort, an dem diese Ängste besonders sichtbar werden.) Doch welch einen Gewinn bringt er zugleich für eine demokratische Gesellschaft! Ihre Mitglieder erkennen sich wechselseitig in der Unterschiedlichkeit als Gleiche, als Menschen gleichermaßen mit Wünschen und Hoffnungen, mit Potenzialen und Kompetenzen. Welch ein Gewinn, die Blase zu durchstechen, den eigenen Horizont zu erweitern, etwas weiterzugeben und anderes zurückzubekommen.

Das notwendige Vertrauen in öffentliche Räume entsteht dann, und nur dann, wenn sich Inklusivität und Qualität verbinden. Es ist vergleichsweise leicht, Räume für alle zu öffnen – und ihre Qualität zugleich deutlich zu verschlechtern. Es ist ebenfalls leicht, eine hohe Qualität anzubieten – und zugleich die allgemeinen Zugänge zu verschließen. Öffentliche Räume leben jedoch von der Verbindung von Öffentlichkeit und Qualität. Dabei richtet sich die Qualität zum einen nach der jeweiligen Funktionsbestimmung des öffentlichen Raums: Dient er der Bildung, der Mobilität oder Information, der Versorgung mit Lebensmitteln oder der Kunst und Kultur? Zum anderen hängt sie von seinen Rahmenbedingungen ab: Sind diese nachhaltig, kommunikativ, sicher und nutzerinnen- und nutzerfreundlich?

Es ist unübersehbar, dass die öffentlichen Räume durch die Einschränkungen in der Coronakrise noch stärker unter Druck geraten sind. Wie unter einem Brennglas ist während der Pandemie aber auch deutlich geworden, wie gefährdet viele öffentliche Räume bereits zuvor waren: vom integrativen Unterricht bis zum Kulturzentrum, vom Laden ums Eck bis zum Club, vom Spielplatz bis zum Freibad. Einerseits hat die Kostenentwicklung in den urbanen Zentren an vielen Orten zu einer dramatischen Verdrängung und Beseitigung gewachsener Orte geführt; andererseits ließ die Strukturschwäche ländlicher Regionen Infrastrukturen so schrumpfen, dass auch der letzte Gasthof, der letzte Jugendclub und die letzte Arztpraxis ihre Türen schließen musste. Hinzu kommt der digitale Druck auf analoge Räume, der zumindest vielen öffentlichen Räumen (von der Stadtbibliothek über die Buchhandlung bis zum Kino) eine erhebliche Erneuerung der eigenen Praxis abverlangt – auch wenn dadurch zugleich neue Möglichkeiten und Räume entstehen.

Mit dem Mangel an gesellschaftlicher Begegnung in der Coronakrise ist aber auch das gesellschaftliche Bewusstsein für die Bedeutung des öffentlichen Raums spürbar gewachsen. Viele Menschen spüren in der Entbehrung deutlicher, was ihnen öffentliche Begegnung Wert ist, welche fundamentale Bedeutung öffentliches Zusammenleben hat. Das betrifft die Verluste an diskursivem Austausch und der kommunikativen Gewinnung von Erkenntnis; es betrifft aber noch unmittelbarer die Verluste einer Lebenspraxis, »unter Menschen zu sein«, zu der gerade die zufällige Begegnung, das flüchtige Gespräch und all die Sinneseindrücke analoger Begegnungen zählen. Mit dem Bewusstsein für den öffentlichen Raum in der Krise ist darüber hinaus das Bewusstsein für die digitalen Möglichkeiten entstanden, analoge Öffentlichkeit zu unterstützen und neue digitale Öffentlichkeit herzustellen. Zugleich erleben wir, wie eine schlecht gestaltete Digitalisierung öffentlichen Raum weiter spalten (z. B. eine Homeschooling-Praxis, die sozial benachteiligte Kinder noch weniger begleitet) oder gar ganz beseitigen kann (z. B. eine Delivery-Gesellschaft, in der kein Grund mehr besteht, die eigenen vier Wände zu verlassen).

In dem neuen Bewusstsein für den öffentlichen Raum liegt eine Chance zum Handeln, die wir nutzen müssen. Dazu zählen nicht nur das Engagement auf freiwilliger Basis und Appelle für ein anderes Konsumverhalten, wie es während der Coronakrise die Aktion #supportyourlocal und viele andere gefordert haben. Diese Chance muss auch und gerade als politischer Auftrag verstanden werden, die öffentlichen Räume strukturell zu stärken und zu erneuern. Öffentliche Räume beruhen auf strukturellen Bedingungen, die sie nicht selbst gewährleisten können. Sie müssen in den Städten den Verdrängungsmechanismen und im ländlichen Raum den Schrumpfungsprozessen widerstehen können. Sie müssen einer machtkonzentrierten digitalen Plattformökonomie etwas entgegensetzen können – und sich zugleich selbst digital erneuern, um eine Zukunft zu haben.

Auch wenn es bislang an übergreifenden politischen Strategien des öffentlichen Raums mangelt: Konkrete Ansätze und Erfahrungen, von denen sich lernen lässt, gibt es viele. In Schleswig-Holstein beispielsweise fördert das Projekt MarktTreff (markttreff-sh.de) bereits seit Anfang der Nullerjahre in ländlichen Regionen öffentliche Räume in ihren vielfältigen Funktionen. Die Idee besteht darin, ein Kerngeschäft (Lebensmittelladen, Bäckerei, Gastronomie etc.) und öffentliche Dienstleistungen (Arzt, Post, Bücherei etc.) mit einem öffentlichen Treffpunkt (Bürgercafé, Kulturangebote, Veranstaltungen etc.) an einem Ort zu verbinden. Das Land übernimmt bei einem entsprechenden Konzept bis zu 55 Prozent der Investitionen, die laufenden Kosten trägt die Gemeinde selbst, eine öffentlich-private Betreibergesellschaft oder eine bürgerschaftliche Organisation. Inzwischen sind knapp 40 solcher Orte geschaffen worden. Diese Treffpunkte können unspektakulär ausfallen, sie können sich aber auch zu Orten entwickeln, an denen richtig viel passiert: von Jugendtreffs, Probe- und Konzerträumen bis zu Lesungen, Ausstellungen oder Vorträgen. Die Kids brauchen solche Orte ebenso wie die Alten – und alle, die aufgrund von Job und Familie weniger Zeit haben, bekommen so ab und zu auch noch etwas mit.

Was in Schleswig-Holstein für den strukturschwachen ländlichen Raum konzipiert ist, lässt sich auch – unter umgekehrten Vorzeichen – auf die urbanen Ballungszentren übertragen. In den urbanen Peripherien entstehen neue Trabantenstädte ohne jedwede Idee von öffentlichem Raum, in den Zentren werden öffentliches Leben und experimentelle Freiräume versprochen, aber sterile Büro- und Konsumlandschaften bei horrenden Miet- und Immobilienpreisen immer mehr zur Realität. Auch hier gilt es, jene raren, öffentlichen Orte zu bestärken, indem man sie wieder zum Begegnungsraum macht.

Finnland zum Beispiel konzentriert sich auf Bibliotheken und führt eindrücklich vor Augen, welche gesellschaftliche Kraft sie als gesellschaftlicher Treffpunkt für eine Stadt oder Region entfalten können. Das finnische Bibliotheksgesetz existiert seit 1928 und legt fest, welche Summe die Kommunen und Bezirke für diese Institution ausgeben müssen. Die 827 finnischen Bibliotheken sind zentraler Bestandteil einer nationalen Kultur- und Bildungsstrategie, die diese Orte der Zusammenkunft als zentrales Element begreift. In jedem Dorf eine Schule und eine Bibliothek.

Zugleich zeigt sich hier besonders anschaulich, dass sich öffentliche Räume nur verteidigen lassen, wenn wir sie zugleich erneuern, sie in eine zeitgemäße Idee überführen. Die 2018 eröffnete »Oodi«-Zentralbibliothek als Teil des HelMet-Netzes von 36 weiteren Bibliotheken in Helsinki ist nicht nur ein Ort der Bücherausleihe oder eine Plattform für digitale Publikationen. Sie begreift sich vielmehr als öffentlicher Raum des gemeinsamen Lesens wie des Austauschs über das Gelesene und Nochzulesende und der Vermittlung von Medien- und Lesekompetenz. Hier hält man sich auf, quatscht und diskutiert; hier wird gespielt und gewerkt; hier wird Öffentlichkeit durch einen Raum gestaltet, der seinen Sinn aus dem Zusammensein und dem Zusammentun bezieht. Die Architektur und Raumgestaltung stellen sich dabei vorbildlich in den Dienst der inklusiven Qualität, des Aufenthalts und der Begegnung. Dieser Anspruch ist für alle auf einer Tafel im 1. Stock nachzulesen: »Everyone has the right to be at the library. Idle hanging out is allowed, even encouraged. Racism and discrimination have no place at the library. Oodi is our common living room.« (Alle haben das Recht, sich in der Bibliothek aufzuhalten. Abhängen ist erlaubt, sogar erwünscht. Rassismus und Diskriminierung haben keinen Platz in der Bibliothek. Oodi ist unser gemeinsames Wohnzimmer). Eine Ermutigung zum Abhängen. Ein gemeinsames Wohnzimmer. Beide Konzepte, das aus Finnland wie das aus Schleswig-Holstein, sind sehr zur strategischen Nachahmung empfohlen.

Es lässt sich lange rätseln, ab wann ein Raum ein »öffentlicher« ist, also ab wann er zur echten Begegnung der Menschen quer zu den sozialen, weltanschaulichen und kulturellen Unterschieden beiträgt. Doch sein Anspruch darauf, Öffentlichkeit herzustellen, lässt sich an den Konzepten der Raumgestaltung und ihrer Praxis erkennen sowie entlang einfacher Indikatoren messen: von der Zusammensetzung der Bildungsbiografien über die Verteilung der Geschlechter oder der Herkunftsgeschichten bis zum Einkommensniveau der Teilnehmenden. Eine Politik der Stärkung und Erneuerung öffentlicher Räume setzt ein Verständnis für ihre grundlegende gesellschaftliche und demokratische Bedeutung voraus. Und sie braucht wirksame Ansätze, in denen – je nach Raum – spezifische Öffentlichkeitskriterien beschrieben und überprüfbar sind.

Öffentliches Leben lässt sich weder planen noch steuern. Es liegt an den Menschen, ob der öffentliche Raum zum Leben erwacht – er beruht aber auf Voraussetzungen, für die die demokratische Gesellschaft und ihre staatlichen Institutionen Verantwortung tragen.

***

Idee: Eine starke Demokratie ist auf öffentliche Räume angewiesen, an denen Menschen aus unterschiedlichen sozialen, weltanschaulichen und kulturellen und Bereichen der Gesellschaft zusammenkommen. Nur dort kann – über Austausch und Streit – demokratische Verständigung entstehen. Die politischen Ebenen von der Kommune bis Europa sind aufgerufen, diese Räume strukturell zu fördern.

Effekt: Statt eines Rückzugs in soziale, weltanschauliche und kulturelle Blasen ermöglichen diese Orte ein gesellschaftliches Zusammenleben. Menschen treffen auf Menschen mit anderen Interessen, Meinungen und Biografien. Das birgt auch Zumutungen, führt aber zu neuer Gemeinsamkeit in Vielfalt.

Umsetzbarkeit: Bund, Länder und Kommunen können entsprechende Konzepte entwickeln und finanziell fördern, wie Beispiele aus Schleswig-Holstein oder Finnland zeigen. Auch die nationalen und europäischen Infrastrukturprogramme müssen besser genutzt werden, um öffentliche Räume neu zu gestalten.

***

Peter Siller leitet das Referat Strategie und Planung im Bundespräsidialamt. Er war zuvor Leiter der Inlandsabteilung der Heinrich-Böll-Stiftung, Scientific Manager des Exzellenzclusters »Formation of Normative Orders« und Mitglied des Planungsstabs im Auswärtigen Amt.

NEULICH IM GESPRÄCHSABTEIL DER BAHN

Laura-Kristine Krause

Die Klage über Filterblasen wirft eine zentrale Frage auf:
Wo findet eigentlich noch der persönliche Austausch zwischen
unterschiedlichen Menschen statt, der für eine Demokratie existenziell ist?

Ich beschäftige mich seit vielen Jahren hauptberuflich damit, wie es um den Zusammenhalt unserer Gesellschaft bestellt ist. In den letzten Jahren ist diese Gesellschaft vielen Anlass zur Sorge geworden: Sie wird als zerrissen und polarisiert erlebt, mangelndes Vertrauen und Politikverdrossenheit werden beklagt, und über allem steht die bange Frage, ob dies alles die Demokratie gefährdet. So wichtig diese Debatte ist – sie bleibt doch allzu oft abstrakt. Mindestens ebenso wichtig ist eine sehr konkrete Frage: Wo, an welchen Orten findet diese Gesellschaft überhaupt (noch) statt?

Als ich einmal im Rahmen eines Interviews nach einem zu meiner Arbeit thematisch passenden Treffpunkt gefragt wurde, fiel meine Wahl auf ein Möbelhaus. Warum? Weil es einer der Orte ist, wo ich das Gefühl habe, dass dort tatsächlich ein relativ breiter Querschnitt der deutschen Gesellschaft zusammenkommt: Menschen verschiedenster Generationen, Menschen, die erst seit wenigen Tagen in Deutschland sind, ebenso wie jene, die noch nie woanders waren. Es ist auch ein Ort, der aufgrund seiner Stadtrandlage eine Brücke zwischen Stadt und Land schlägt – meist müssen alle einen Fahrtweg auf sich nehmen, um dorthin zu gelangen. Natürlich sind auch Möbelhäuser keine einwandfreien, repräsentativen gesellschaftlichen Orte. In manchen Regionen (z. B. im Osten Deutschlands) gibt es weniger von ihnen, in anderen mehr. Für Menschen ohne Auto oder finanzielle Möglichkeiten sind sie zudem auch kein interessanter Anlaufpunkt. Dennoch handelt es sich um einen Ort, an dem sich viele Menschen begegnen, die es privat nicht unbedingt tun würden.

Sicher, in erster Linie ist ein Möbelhaus ein kommerzieller Ort. Aber bieten all die damit einhergehenden sozialen Funktionen dieses Orts nicht auch eine – bislang viel zu oft ungenutzte – Chance, Gesellschaft in ihrer Vielfalt stattfinden zu lassen? Sie besteht schließlich aus sehr unterschiedlichen Menschen, mit unterschiedlichen Meinungen, Ansichten, Werten, Lebensumständen und auch mit unterschiedlichen Machtpositionen. Gesellschaftlicher Zusammenhalt entsteht nur dann, wenn Menschen mit unterschiedlichen Perspektiven sich begegnen, von Menschen hören, die die Dinge anders sehen als sie selbst, und so ein Verständnis dafür entwickeln, wie andere ggfs. anders von gesellschaftlichen Zuständen betroffen sind als man selbst.

Es ist wichtig, dass verschiedene gesellschaftliche Gruppen nicht einfach nebeneinander herleben, sondern dass sie gerade Menschen begegnen, die anders sind als sie selbst. Dies hat der amerikanische Psychologe Gordon Allport bereits 1954 festgestellt. Er hat den Begriff der »Kontakthypothese« geprägt und gezeigt, dass persönliche Begegnungen förderlich für den Abbau von Vorurteilen sind, wenn denn die Rahmenbedingungen stimmen. Auf seiner Arbeit gründet ein ganzer Forschungszweig, der erkundet, was Begegnung für die Empathie zwischen gesellschaftlichen Gruppen bedeutet.

Denn psychologische Grundreflexe wie der »intergroup bias« (was als »Voreingenommenheit zwischen Gruppen« übersetzt werden könnte), also die Bevorzugung der eigenen gesellschaftlichen Gruppe, werden für unser gesellschaftliches Miteinander zunehmend relevant. So wurde in Studien nachgewiesen, dass Menschen eine niedrigere Empathie gegenüber Menschen haben, die anderen gesellschaftlichen Gruppen angehören als sie selbst (z. B. gegenüber Geflüchteten). Oder dass sie Menschen »anderer« gesellschaftlicher Gruppen meist dieselben Attribute zuschreiben, sie also für sehr ähnlich halten (die Forschung nennt das »outgroup homogeneity«). Das führt so weit, dass zum Beispiel Demokraten und Republikaner in den USA enorm schlecht darin sind, die Menschen des jeweiligen anderen gesellschaftlichen Lagers einzuschätzen. Sie halten die Gegenseite jeweils für deutlich radikaler in ihren Ansichten, als sie es sind – und überschätzen damit auch ihre Differenzen mit ihnen, wie meine US-Kollegen in der Studie »The Perception Gap« nachgewiesen haben.

Ein Weg, gegen diese Wahrnehmungsmuster anzukämpfen, ist die persönliche Begegnung. Besonders der Austausch zwischen unterschiedlichen gesellschaftlichen Gruppen und mit Andersdenkenden ist wichtig – um die eigenen Meinungen und Einschätzungen auf die Probe zu stellen und vor allem, um ein vielseitigeres Bild der Menschen um uns herum zu bekommen.

In unserem Alltag läuft das jedoch oft genau andersherum: Wir folgen lieber dem ganz natürlichen Impuls, uns mit Menschen zu umgeben, die uns hinsichtlich Grundüberzeugungen und Werten ähnlich sind. Auch politische Diskussionsformate oder kulturelle Angebote bringen nicht immer Abhilfe, ziehen sie doch eher bestimmte Bevölkerungskreise und nicht einen gesellschaftlichen Querschnitt an. Die soziodemografische Verzerrung ist an nicht-privaten Orten im Alltag potenziell geringer, im öffentlichen Personennahverkehr etwa oder am Arbeitsplatz – auch wenn die Homeoffice-Regelungen während der Corona-Pandemie hier durchaus wieder eine Kluft aufgemacht haben.

Der persönliche Kontakt verschiedener gesellschaftlicher Gruppen findet also nicht automatisch statt. Es muss dafür einen Rahmen geben, Orte, an denen das geschieht. Vor diesem Hintergrund rückt das seit Jahrzehnten vernehmbare Lamento über den Niedergang der gesellschaftlichen Großorganisationen noch einmal in ein anderes Licht. Denn Volksparteien, Kirchen und Gewerkschaften waren nicht nur enorm wichtig für die Organisation der politischen Willensbildung. Sie alle schufen Anlässe, zu denen unterschiedliche Menschen mit einem gemeinsamen Interesse zusammentreffen konnten, Gottesdienste, Parteitage oder Mitgliedertreffen und Aktionen etwa. Und sie stellten die Orte für diese Treffen zur Verfügung. Zwar existieren diese Institutionen alle noch, aber sie haben aufgrund sinkender Mitgliederzahlen als Begegnungsorte eine deutlich geringere Bedeutung.

Die Corona-Pandemie hat diese Situation aufgrund der Kontaktbeschränkungen noch einmal verschärft. Gleichzeitig lehrt sie uns viel über die Bedeutung von Begegnung und persönlichem Austausch. Der Kontakt fehlt uns, wir leiden unter der entstehenden Distanz, die auch unsere sonst stabilen persönlichen Netzwerke belastet. Im Umkehrschluss gibt uns dies eine Idee davon, was der Kontakt mit anderen gesellschaftlichen Gruppen, der bisher nicht stattfindet, bei jedem von uns noch in positivem Sinne auslösen könnte.

Gerade weil die Begegnungsorte in unserer Gesellschaft aktuell so rar geworden sind, lohnt sich ein konkretes Gedankenspiel: Wo erleben die meisten von uns Gesellschaft bewusst? Wo findet ganz bewusst gesellschaftlicher Austausch statt? Ich vermute, dass die meisten ähnlich wie ich Orte nennen würden, die in der Debatte um Demokratie und Gesellschaft bisher kaum eine Rolle spielen: Alltagsorte. Im Supermarkt oder im öffentlichen Nahverkehr, auf dem Wochenmarkt oder beim Arzt, im Restaurant oder Baumarkt, im Museum oder in der Bibliothek, im Urlaub oder im Sportverein – all diese Kontaktpunkte sind wertvoller denn je geworden, weil Menschen sich nach wie vor dort aufhalten. Sie haben das vielleicht größte Potenzial für gesellschaftsübergreifende zwischenmenschliche Begegnung.

Daher wünsche ich mir, dass wir diese gesellschaftlichen Orte wieder stärker suchen – und wenn wir sie gefunden haben, auch als solche bewusst erleben und positiv mitgestalten. Dabei schwebt mir besonders die »Aufwertung« der Alltagsbegegnung vor. Diese kann an Orten stattfinden, die schon spezifisch für die Begegnung »gemacht« wurden und beispielsweise durch Wohlfahrtsverbände, Nachbarschaftsinitiativen oder Sportvereine gestaltet werden. Diese kann aber auch an Orten geschehen, die wir nicht aufsuchen, um andere Menschen zu treffen, sondern die ein ganz gewöhnlicher Teil unseres Alltags sind, wie zum Beispiel der Arbeitsplatz, Restaurants und Cafés, Kultureinrichtungen oder Geschäfte und Supermärkte. Gerade an diesen Alltagsorten äußert sich das Wesen einer Gesellschaft. Nicht umsonst sprechen wir von Alltagsrassismus und -sexismus. Ich wünsche mir, dass wir irgendwann auch von »Alltagszusammenhalt« sprechen und die Stärkung unserer Gesellschaft nicht nur im kuratierten Rahmen oder Format angehen.

Zweitens wünsche ich mir, dass sich die Eigentümer und Betreiber von Alltagsorten stärker bewusst sind, welche Gestaltungsmöglichkeiten sie in ihren Händen halten, und diese verantwortungsvoll nutzen. Sie sollten ihre Orte möglichst vielen Menschen in einer Gesellschaft niedrigschwellig zugänglich machen. Unsere Organisation »More in Common« untersucht aktuell Orte mit dem größten Begegnungspotenzial. Dabei liegt der Fokus auf Alltagsorten und ihrem Potenzial, das sie während und auch nach der Corona-Pandemie entfalten können, um herauszufinden, welche Impulse für Begegnung jenseits politischer Bildung oder zivilgesellschaftlichen Engagements in der Praxis gesetzt werden können. Wir freuen uns diesbezüglich immer über Ideen und Anregungen und haben Lust, gemeinsam mit Partnern Neues zu erproben. Es gibt bereits gute und kreative Beispiele, die genau das versuchen. So haben sich die öffentlichen Bibliotheken, ausgehend von den USA und Skandinavien, in den vergangenen Jahrzehnten in ihrem Selbstverständnis zu Orten gewandelt, an denen nicht mehr das Buch, sondern der Mensch im Mittelpunkt steht.

Ähnliche kreative Ideen wünsche ich mir auch von kommerziellen Räumen. Auch sie sollten ihre gesellschaftliche Rolle als Begegnungsort stärker wahrnehmen. Ich denke da an Gesprächstische in den Restaurants von Möbel- und Kaufhäusern oder an dezidierte »Gesprächsabteile« in Zügen, ähnlich wie Familienabteile, das Pendant zu Ruhezonen: Diese Abteile wären gezielt für Menschen gedacht, die Lust darauf haben, mit anderen ins Gespräch zu kommen: über die Gesellschaft, über ihre Erfahrungen und ihre Biografien. Diese Abteile wären größer als normale Abteile und hätten Platz für sechs bis acht Menschen. Sie wären mit Sesseln und kleinen Tischen ausgestattet, um in einer Wohnzimmer-Atmosphäre zu ermöglichen, dass die Menschen besser und gemütlicher miteinander sprechen können. Die

Gespräche hätten gezielt keine Moderation, aber in diesen Abteilen gäbe es viele kleine Details, die das Gespräch anregen sollten: »Eisbrecherfragen« für den Gesprächsanfang aufgedruckt auf die Tische, Tipps und Tricks für gute Gespräche und auch immer wieder ein »Thema des Tages«, zum Beispiel Nachbarschaft oder Familie, falls Menschen eine gezieltere Gesprächsanregung wünschen. Genau wie in der 1. Klasse würde es in Gesprächsabteilen Bedienung am Platz geben, damit die Menschen bei einem Kaffee miteinander sprechen können und dafür nicht das Abteil verlassen müssen. Miteinander sprechen wäre aber kein Muss – es wäre auch völlig in Ordnung, dem Gespräch von anderen zu lauschen.

Ideen dieser Art würden den Raum, der sowieso vorhanden ist und an dem sich Menschen ohnehin mehrere Stunden am Stück aufhalten, auch gezielt für die gesellschaftliche Begegnung nutzbar machen. Auch die öffentlichen Institutionen könnten sich in diesem Sinne stärker als Begegnungsorte verstehen und öffnen: Parlamente, Ministerien, Parteien – sie alle bieten selten Raum zum persönlichen Austausch, sondern bleiben abgesehen von Besucherführungen durch die Reichstagskuppel für interessierte Bürgerinnen und Bürger unzugänglich. Auch hier könnte ein stärkeres Selbstverständnis als gesellschaftlicher Ort einiges an Kreativität freisetzen.

Denn die sprichwörtlichen Filterblasen existieren nicht nur in den sozialen Medien, sondern durchaus auch im analogen Leben. Wir sollten uns gemeinsam vornehmen, diese immer mal wieder zum Platzen zu bringen. Bewusste Begegnungen an Alltagsorten sind die beste Methode dafür.

***

Idee Gesellschaft braucht Begegnung, um Vorurteile abzubauen. Da sich die Milieus zunehmend seltener mischen, braucht unsere Gesellschaft neue Orte der Begegnung. Am besten eignen sich dafür Alltagsorte, an denen Menschen mit unterschiedlichen Haltungen sowieso aufeinandertreffen. Diese Orte sollten stärker als Begegnungsorte wahrgenommen und gestaltet werden.

Effekt Die persönliche Begegnung wirkt Schubladendenken entgegen. Wenn sich unterschiedliche gesellschaftlichen Gruppen nicht begegnen, entwickeln sie ein vereinfachtes, oft extremes und falsches Bild von den jeweils anderen Gruppen. Dies hat massive negative Auswirkungen auf den gesellschaftlichen Zusammenhalt. Neue Möglichkeiten zur Begegnung im öffentlichen Raum fördern hingegen den Zusammenhalt.

Umsetzbarkeit Eigentümer oder öffentliche Betreiber dieser Orte, Unternehmer, Städte oder Kommunen, können jederzeit Gesprächstische, Dialogräume, Makerspaces oder andere Formate einrichten. Es setzt nur ein größeres Bewusstsein für die Bedeutung dieser Orte voraus.

***

Laura-Kristine Krause ist seit 2018 Gründungsgeschäftsführerin der Organisation *More in Common Deutschland*. Davor war sie Leiterin des Programms Zukunft der Demokratie im Progressiven Zentrum.

BÜRGERSCHAFTLICHER DIALOG STATT KLIENTELPOLITIK

Wolfgang Kaschuba

Chöre mit Fußballvereinen, Stadtteil-Initiativen mit Kirchengemeinden:
Die Zivilgesellschaft sollte als Partnerin der Politik neue lokale
Koalitionen eingehen. So stärken wir den Zusammenhalt der Gesellschaft.

Leben in Zeiten von Corona: Das klingt zwar geradezu literarisch, erzeugt jedoch als aktuelle Erfahrung eine eher prosaische Atmosphäre. Die pandemische Dimension der Krankheits- und Todesfälle, Angst und Irritation im Alltag, Distanzierung und Isolation im Homeoffice wie im Seniorenheim – all dies vermittelt ein Lebensgefühl, dem nun gerade jene optimistischen und utopischen Momente fehlen, die eine Gesellschaft unbedingt braucht.

Deshalb ist zunächst daran zu erinnern: Es gab ein Leben vor Corona und es gibt gewiss auch ein Leben danach! Dem ist aber unbedingt hinzuzufügen: Das aktuelle Leben mit Corona, das sich in vieler Hinsicht wie ein unfreiwilliger Härtetest unserer sozialen, politischen und medizinischen Infrastrukturen anfühlt, offenbart neben vielen politischen Schwachstellen auch neue Stärken im alltäglichen Zusammenleben. Wir sehen in diesen Zeiten des physischen Rückzugs zugleich einen neuen sozialen Umgang in Familien und Nachbarschaften, in Berufsgruppen und sozialen Netzwerken. Ermunterungen, Versorgungshilfen und Rücksichtnahmen schaffen neue Erfahrungen, vielfach auch neue digitale Formen einer sozialen Nähe, die so zuvor oft nicht vorhanden war.

In sozialen Netzwerken werden Familien, Freundschaften und die Generationsbeziehungen als buchstäbliche Lebens-Versicherungen gestärkt. Die Botschaft: Wir sind füreinander da! Stadt und Land werden sich ihrer Beziehung neu bewusst, wenn etwa städtische Cafés und Restaurants vorübergehend zu Brot- und Gemüseverkaufsstellen ihrer Lieferanten aus den ländlichen Räumen werden. Die Botschaft: Wir sind aufeinander angewiesen! Verbände aus dem Handwerk kämpfen gemeinsam mit dem Kulturbereich um Auswege aus der Krise, statt um kommunale und staatliche Hilfen zu konkurrieren. Die Botschaft: Wir agieren solidarisch!

Das klingt gewiss pathetisch. Und das ist es auch! Denn die physische Isolierung durch das Virus wird vielerorts mit sozialer Zuwendung beantwortet, die Privatisierung des Lebens mit seiner Öffnung und Erörterung, die Furcht mit Zuspruch, die Notlage mit konkreter Hilfe. Statt sozialer Spaltung und politischer Konkurrenz erweisen sich in diesen Zeiten nunmehr Respekt und Rücksicht als diejenigen moralischen Werte und Grundeinstellungen, die von allen gewünscht und von fast allen auch praktiziert werden. Dies ist eine prägende gemeinsame Erfahrung des sozialen Zusammenhalts in der Krise, die in den kommenden Monaten weiter gestärkt werden muss.

Damit entsteht eine neue gesellschaftliche Situation, in der vielfältige Formen von Solidarität sichtbar werden, weil alle davon betroffen sind und weil die damit verbundenen Sorgen alle Lebensbereiche berühren. In der grundsätzlichen Rücksichtnahme auf die gesundheitlich besonders Bedrohten drückt sich mehr Respekt, Humanität und Solidarität zwischen den sozialen Gruppen und Generationen aus, als viele unserer Gesellschaft zugetraut hätten.

Nun kommt es darauf an, dass wir diesen neuen gesellschaftlichen Zusammenhalt lebendig halten, insbesondere im Blick auf eine engere Zusammenarbeit von Politik, Verwaltung und Zivilgesellschaft. Lokale Politik muss sich öffnen und altes Ressortdenken überwinden, um insbesondere auch die stillen Gruppen im Lande zu erreichen, die sich im politischen Raum bisher kaum zu Wort melden.

Diese politische Integration in der Tiefe gelang den Parteien wie den parlamentarischen Gremien zuletzt immer weniger, wie sich nicht zuletzt am Erfolg von rechtspopulistischen Gruppen ablesen lässt. Und sie gelingt auch vielen zivilgesellschaftlichen Initiativen nicht hinreichend, weil deren Themen und Diskussionsformen oft nur innerhalb ihrer sozialen Blasen wirken, was den Eindruck verstärkt, quasi exklusiv Volkes Wille zu vertreten.

Statt Gruppendenken und Klientelpolitik sind in den kommenden Monaten daher all jene Formen des bürgerschaftlichen Dialogs besonders gefragt, durch die gesellschaftliche Gruppen in ihrer ganzen Breite und Vielfalt aktiv angesprochen, inhaltlich abgeholt und organisatorisch neu verbunden werden können: lokale Foren und Runde Tische, Salons und Clubs, Nachbarschaftstreffs und Initiativen-Cafés. Vieles davon gibt es zwar bereits, doch oft nur punktuell auf Zeit und abhängig von wenigen Aktiven: Mobilisierung scheint eher einfach, nachhaltige Bindung sehr viel schwieriger – auf die kommt es nun jedoch an.

Deshalb müssen solche lebensweltlichen Politik- und Basisstrukturen dauerhaft gestärkt und nachhaltig gestaltet werden. Sie müssen von den Kommunen finanziell und organisatorisch besser ausgestattet werden, um nicht völlig abhängig zu sein vom Ehrenamt. Und sie dürfen vor allem nicht mehr als lästige Konkurrenz betrachtet werden zu den lokalen Parteigruppen und Verwaltungen, die sich politisch wie in Haushaltsfragen gerne als Platzhirsche gerieren.

So gelten zwei Grundregeln: Zum einen muss in Politik und Verwaltung enges Ressortdenken verschwinden zugunsten eines umfassenden Blicks auf politische Problemlagen und soziale Kontexte. Zum andern müssen die Gruppenegoismen von zivilgesellschaftlichen Initiativen zurücktreten hinter eine solidarische Perspektive des Allgemeinwohls: Es geht um die ganze Gesellschaft!

Neue Dialog- und Politikformate sind aber auch deshalb nötig, weil der öffentliche Diskurs in den letzten Jahren zunehmend regellos und verletzend geführt wird. Wir reden zu häufig respektlos über und mit anderen: auf dem Fußballplatz wie im Freibad, auf der Straße wie in der Versammlung, in der Jugendgruppe wie am Stammtisch, im Internet wie in der analogen Welt. Diese Respektlosigkeit trifft meist ganz unterschiedliche »andere«: Touristen wie Geflüchtete, Frauen wie Ältere, schwule wie lesbische Paare, Religionen wie Meinungen. Vieles davon ist nicht nur unüberlegt oder engstirnig, sondern dezidiert frauen- und fremdenfeindlich oder rassistisch.

Insofern ist dies die unschöne Kehrseite einer Entwicklung, auf die wir eigentlich stolz sein können. Denn in vielen Dörfern und Städten hat sich in den letzten Jahren eine zivile Gesellschaft entwickelt, die vielfältiger und internationaler geworden ist, die kulturell aktiv und lebendig daherkommt, die sich vom Wohnen bis zur Ökologie engagiert, die offen und zugänglich für alle sein will – und die damit allen auch das große Versprechen persönlicher wie politischer Freiheiten gibt, gerade auch allen Minderheiten. Dass es dabei auch zu Problemen und Konflikten kommt, liegt auf der Hand. Daher: besser miteinander reden als übereinander!

Auch deshalb gilt es, in diesem schwierigen kommenden Jahr einerseits neue Beratungsformen von lokaler Gesellschaft, Verwaltung und Politik zu entwickeln, andererseits aber auch neue Sprachstile und respektvolle Umgangsformen. Für alle muss gerade in diesen oft so bedrohlichen Zeiten eine noch vertrauensvollere Atmosphäre von Gemeinsamkeit und Zusammenhalt spürbar sein, damit sich tatsächlich die ganze Gesellschaft mit auf den Weg genommen fühlt in eine gemeinsam zu sichernde Zukunft.

Öffentliche kommunale Orte bieten sich als Raum für diese neuen sozialen Bündnisse an. Jede deutsche Kommune ist zu Recht stolz auf ihre Bibliotheken und Gemeindesäle, auf ihre Sportheime und Museen, aber auch auf ihre öffentlichen Plätze und Spielstraßen. Denn all diese Orte verkörpern stets beides: die Reichhaltigkeit der lokalen Stadtlandschaft wie die Vielfalt der lokalen Kulturszene.

Allerdings gilt viel zu häufig noch die altdeutsche Grundregel, dass eine Kirche eben ein Gebetsort und eine Bibliothek eben ein Leseort sei. Dies sollen sie zwar auch bleiben. Doch die Lokalgesellschaft würde sehr davon profitieren, wenn diese Räume kreativ und multifunktionell genutzt würden. Mit der Durchmischung würde auch ihre Lebendigkeit wachsen! Es ist kaum vernünftig zu begründen, weshalb sich Jugendliche zum Chatten nicht auch in Bibliotheken treffen, Chöre gerade in Corona-Zeiten nicht auch auf Fußballtribünen üben oder Museen nicht auch Debatten der Bürgerschaft veranstalten sollten. Unsere Städte und Dörfer werden als institutionelle und kulturelle Landschaften tatsächlich nur offener und transparenter, wenn die Eintrittsschwellen abgesenkt, wenn die Ressourcen gemeinsam genutzt, wenn die Besucher- und Klientelgruppen gemischt, wenn also die öffentlichen Räume für alle vertrauter und selbstverständlicher werden.

Voraussetzung dafür sind neue lokale Kontaktzonen, in denen sich mehr soziale und kulturelle Formen eines gemeinsamen Alltags erleben und zugleich auch mehr politische Debatten und Prozesse gestalten lassen.

Vor allem jedoch wird es darauf ankommen, dass dabei auch die alte und die neue Zivilgesellschaft wesentlich enger verbunden werden und bewusster kooperieren. Denn die alte Zivilgesellschaft mit ihren Sport- und Kulturvereinen, ihren Gewerkschaftsgruppen und Handwerksorganisationen, ihren Kirchengemeinden und Karnevalszünften beschränkt sich in ihrem Engagement längst nicht mehr auf den engeren Zweck von Fußball, Karneval, Gebet oder Gesang. Vielmehr agieren diese bereits im Übergangsbereich zu zivilgesellschaftlichen Formen des bürgerschaftlichen und politischen Engagements, wenn sie sich etwa auch um Kindernachhilfe oder Flüchtlingshilfe kümmern, um sozial- oder gesundheitspolitische Probleme oder um die lokale Fest- und Feierkultur.

Die neue Zivilgesellschaft wiederum mit ihren Bürger- und Ökoinitiativen, mit ihren Hilfen für Geflüchtete wie Obdachlose, mit ihren Verkehrs- und Mietaktionen, mit ihren Parolen »Kauft im Kiez!« ist in den meisten Kommunen längst zu einem prägenden politischen Akteur geworden, der sich selbstbewusst einmischt. Allerdings besitzen sie meist noch nicht die logistische und organisatorische Stabilität der klassischen lokalen Vereine. Da fehlen den neuen oft noch jene nachhaltigen Mitgliedschaften, Räume und Finanzmittel, die wiederum die alten zivilgesellschaftlichen Strukturen über Vereinsheime oder Mitgliedsbeiträge aufweisen können.

Auch deshalb muss endlich in allen Regionen eine intensivere lokale Zusammenarbeit stattfinden, die zu ungewöhnlichen Koalitionen führt. Ein gelungenes Beispiel dafür ist das *lokale BerlinForum*. Es hatte sich schon vor Beginn der Corona-Krise zusammengeschlossen, trifft sich allerdings aufgrund der Pandemie erst seit September vergangenen

Jahres. Im *Hangar 1* auf dem Tempelhofer Flugfeld kommt seither eine ungewöhnliche Koalition zusammen: ein Verein für Jugendarbeit und ein Fußballverein, eine evangelische Kirchengemeinde und die lokalen Stadtteilmütter, ein Straßenchor und ein Rundfunkchor, ein Kinderzirkus und die Zukunftsstiftung Berlin. Gemeinsam diskutieren sie die Nutzung von privaten wie öffentlichen und institutionellen Räumen unter den Bedingungen einer immer enger zusammenrückenden Stadtgesellschaft.

Wenn diese verschiedenen Akteure aufeinandertreffen, entsteht daraus eine Win-win-Situation für alle: Vereine und Initiativen, Bürgerschaft und Politik. Denn dabei kann Soziales mit Emotionalem, kleine mit großer Politik und Lokales mit Globalem verbunden werden, weil die Themen mit einem gemeinsamen Alltag verbunden sind und die Koalitionen ein starkes »Wir« signalisieren. Dadurch stellt sich eine neue Konsistenz und Resilienz in der Zivilgesellschaft her: Wir werden mehr, anders und diverser!

Solche gemeinsamen Haltungen und Werte, die sich an einem lokalen Gemeinwohl orientieren, werden von Sportvereinen und Kirchengemeinden, von Bürgerinitiativen und Kultureinrichtungen lokal vorgelebt. Denn sie alle bemühen sich intensiv darum, in dieser gesellschaftlichen Krise niemanden allein- und zurückzulassen.

Ganz oben auf der politischen Agenda des kommenden Jahres steht also die Aufgabe wie die Chance, in solchen Formaten, an solchen Orten und vor allem durch solch ungewöhnliche Koalitionen ein festes und gruppenübergreifendes Beziehungsnetz aufzubauen. Es wird unsere Stadt- und Dorfgesellschaften sozial weiter integrieren und zugleich selbst politische und soziale Verantwortung übernehmen. Die Initiative dazu muss jetzt kommen, und zwar von unten: eben in der Gestalt von Runden Tischen, von kommunalen Foren oder von lokalen Kulturräten. So wird die ganze lokale Gesellschaft mit ihren Organisationen und Netzwerken einbezogen – nicht mehr nur kommunale Kulturfunktionäre und Repräsentationseliten.

Politik und Verwaltung wiederum müssen ihrerseits lernen, offener zu kommunizieren, besser zuzuhören und mit Kritik umzugehen. Nur so können sie am Ende auch kompetent und legitimiert über das entscheiden, was sie zuvor öffentlich mit vorbereitet haben.

Neue und ungewöhnliche lokale Koalitionen können der entscheidende Schlüssel sein zu neuen konstruktiven und integrativen Konzepten der Gesellschaftspolitik vor Ort. Dies setzt freilich auch das Bewusstsein einer neuen Diversität unserer Gesellschaft insgesamt voraus. Vielfalt meint dann mehr als nur die kosmetische Frage, ob Führungspositionen in Medien und Regierungen divers besetzt sind. Vielmehr bezeichnet sie die entscheidende Ressource einer offenen Gesellschaft. Nur Vielfalt im Sinne auch von vielfältigen Politikperspektiven kann jene Ghettoisierung der gesellschaftlichen Landschaft verhindern, wie wir sie in den weißen und religiösen sozialen Blasen der Trump-Wählerschaft in den USA verkörpert sehen oder in ländlich-katholisch-konservativen Wählergruppen in Polen oder Ungarn. Nur das Bewusstsein der faktisch vorhandenen Vielfalt unserer Gesellschaft ermöglicht umgekehrt aber das soziale und kulturelle Selbstverständnis einer diversen Migrationsgesellschaft, die Offenheit und Respekt als ihre eigene Realität und als ihr gemeinsames Leitmotiv betrachtet. Allein dies, wachsende und akzeptierte Diversität unserer Gesellschaft, garantiert uns letztlich auch eine zukunftsfähige Pluralität ihrer politischen Infrastrukturen und Prozesse.

***

NEUE KOALITIONEN DER ZIVILGESELLSCHAFT

Idee Da viele zivilgesellschaftliche Initiativen mit ihren Themen oft nur noch ihr eigenes Milieu erreichen, sollten sich neue Koalitionen bilden: Vereine, lokale Parteigruppen, Bibliotheken, Stadtteilinitiativen und viele mehr müssen in einen Dialog treten und neue Beteiligungsformen entwickeln.

Effekt Neue Zusammenschlüsse werden unsere Stadt- und Dorfgesellschaften sozial integrieren, anstatt sie in Interessengruppen zu spalten. Zugleich werden sie selbst politische und soziale Verantwortung übernehmen. Auf diese Weise wird die ganze lokale Gesellschaft mit ihren Organisationen und Netzwerken einbezogen.

Umsetzbarkeit Die Initiative muss »von unten« kommen: Runde Tische, kommunale Foren oder lokale Kulturräte sollten sich zusammenschließen und ihre Agenda politisch einbringen. Die politischen Akteurinnen und Akteure wiederum müssen lernen, diesen Koalitionen zuzuhören und selbst offener zu kommunizieren. Die Kommunen müssen sie finanziell und organisatorisch unterstützen.

***

Wolfgang Kaschuba war von 1992 bis 2015 Direktor des Instituts für Europäische Ethnologie an der Humboldt-Universität zu Berlin, dort von 2016 bis 2019 auch Gründungsdirektor des Berliner Instituts für Migrationsforschung (BIM). Er ist Vorstandsmitglied der Deutschen UNESCO-Kommission und Mitglied der Stiftung Zukunft Berlin.

GEMEINNÜTZIGE HERTIE-STIFTUNG

Die Arbeit der Hertie-Stiftung konzentriert sich auf zwei Leitthemen: Gehirn erforschen und Demokratie stärken. Im Fokus stehen dabei immer der Mensch und die konkrete Verbesserung seiner Lebensbedingungen. Die Gemeinnützige Hertie-Stiftung wurde 1974 von den Erben des Kaufhausinhabers Georg Karg ins Leben gerufen und ist heute eine der größten weltanschaulich unabhängigen und unternehmerisch ungebundenen Stiftungen in Deutschland.

In ihrem Themenfeld *Demokratie stärken* lässt sich die Hertie-Stiftung von Werten und Prinzipien leiten, die als konstituierend für das bestehende demokratische System angesehen werden: Pluralismus, Respekt vor Andersdenkenden, Meinungsfreiheit und Rechtsstaatlichkeit. In eigenen operativen Projekten und gemeinsam mit Partnern arbeitet sie vor allem in den drei Themenfeldern *Gutes Regieren*, *Demokratische Öffentlichkeit* und *Gesellschaftlicher Zusammenhalt*.

www.ghst.de

Pavel Richter
Die Wikipedia-Story
Biografie eines Weltwunders

2020. 232 Seiten. Klappenbroschur
Auch als E-Book erhältlich

Biografie eines Weltwunders

Niemand wurde zum Milliardär, Werbung gibt es nicht und doch gehört Wikipedia zu den Top 10 aller Websites. Die Enzyklopädie ist weltweit ein Syno-
nym für Wissen - und sie konnte sich gegen Konkurrenten von Brockhaus bis
Google durchsetzen. Ihre Entwicklung in Deutschland nahm auf ganz beson-
dere Weise Fahrt auf.

Wikipedia ist soziales Experiment, bedeutendes Instrument der Freiheit
und gleichzeitig geschlossene Gesellschaft. Und Pavel Richter, Wikipedianer
der ersten Stunde, der fünf Jahre in Berlin die Geschäfte hinter dem Wissens-
riesen führte, ist dessen Biograf. Er erzählt eine Geschichte voller faszinie-
render Begebenheiten und auch von einigen Skandalen, Fehlern, Fakes und
legendären Editierkriegen. Wikipedia ist eines der spannendsten Kulturphä-
nomene unserer Zeit. Hier kommt das Buch dazu.

campus.de

Frankfurt. New York